악에 대한 분노 없이
정의의 실현이 가능할까?

타우마제인

Cover Letter

이한구
경희대 석좌교수, 대한민국 학술원 회원이다.
열린 사회를 연구하고 있다.

분노,
표출할 것인가, 아니면 자제할 것인가?

요즘 정치인들의 부패에 대한 MZ 세대 젊은이들의 분노가 요원의 불길처럼 아시아 전역으로 퍼지고 있다. 부패한 정치인들이 전전긍긍하며 특권들을 내려놓고 있다는 소식도 들린다. 생각해 보면 우리의 4·19 혁명도 부정 선거에 대한 젊은 세대들의 분노가 도화선이 된 것이었다. 이런 분노는 정당한가, 아니면 자제해야 할 감정인가?

분노는 생명체가 자기 존재를 위협받을 때 발현되는 가장 원초적이고 공격적인 반응이다. 생명체는 언제나 '열림'과 '경계'를 동시에 가진다. 외부 세계에 반응하지 않으면 생명은 고립되어 소멸하지만, 모든 자극에 무방비로 노출되어도 붕괴한다. 분노는 바로 이 경계가 침해되었을 때의 반응이다. 우리가 감기에 걸렸을 때 열이 나는 경우가 좋은 예가 된다. 그것은 낯선 침입자에 대한 생물학적 '분노'로 해석할 수 있다.

막다른 골목에 몰린 쥐를 생각해 본다. 쥐는 마지막에는 천적 포식자인 고양이에게 분노의 폭발과 함께 달려든다. 이때 분노가 없다면 마지막 저항마저 불가능할 것이다. 생명은 분노의 저항을 통해 자신을 보존하려 한다. 따라서 분노는 생명이 자기동일성을 유지하려는 가장 근원적 감정이라 할 수 있다.

인간의 분노가 다른 동물의 공격성이나 방어 반응과 구별되는 점은, 그것이 단순한 생리적 자극의 반응을 넘어 의미나 가치, 정의에 대한 인식적 반응이라는 데 있다. 다시 말해, 그것은 생물학적 차원을 넘어서서 존재론적, 윤리적 층위에서 작동한다. 인간은 '자신이 의미 있는 존재'라는 전제 위에 살고 있으며, 분노는 그 의미가 부정당할 때 생명의 심층에서 솟구치는 저항이다.

인간의 분노는 '모욕'이나 '부당함'의 인식에서 비롯되며, 단순한 신체적 위협이 아니라 존재의 가치가 침해되었다는 자각에서 발생한다. 분노는 "존중받아야 할 존재가 부당하게 경멸당했다고 느낄 때" 생기는 감정이다. 인간은 단순히 상처를 입어서가 아니라, '나의 존재가 정당하게 평가 받지 못했다'는 인식 때문에 분노한다.

또한 이것은 윤리적 판단과도 결합한다. 인간은 '무엇이 옳은가'에 대한 기준을 내면화하고 있으며, 이 기준이 어긋날 때 도덕적 분노를 느낀다. 이때 분노는 '옳음' 그 자체를 지키기 위한 감정으로 승화된다. 공적인 분노, 도덕적 분노는 인간이 자신을 생물학적 개체로 한정하지 않고, 보편적 가치의 대변자로 자각할 때 가능한 것이다.

서양 문학의 효시인 호메로스의 『일리아스』는 분노를 가장 직접적으로 노래한 최초의 작품이다. 첫 구절이 "노래하라, 여신이여, 펠레우스의 아들 아킬레우스의 분노를"로 시작한다. 아킬레우스의 분노는 단순한 격노가 아니라, 명예를 침해당한 인간의 자존심, 그리고 신과 운명에 대한 반항의 상징이다. 이 분노가 트로이 전쟁의 전개를 이끌며, 인간의 고통과 영광을 동시에 드러낸다.

빅토르 위고의 『레 미제라블』은 사회의 불의와 빈곤에 대한 분노가 장발장의 삶을 근본적으로 바꾼다는 이야기이다. 그 분노는 단순한 복수가 아니라, 사회 구조의 비인간성에 대한 도덕적 항거로 승화된다. 위고는 분노를 인간을 타락시키는 힘이 아니라, 구원과 정의를 향한 도덕적 에너지로 제시한다.

분노가 역사의 동력이 된 사례는 매우 많다. 인류의 주요한 정치적, 사회적 변혁, 예술적 혁신, 도덕적 각성의 이면에는 언제나 억압과 불의에 대한 '의로운 분노'가 자리했다.

1789년의 프랑스 혁명은 절대왕정과 귀족 특권층의 부패, 그리고 굶주림에 시달리던 민중의 분노가 폭발하면서 시작된 봉기였다. 이 분노는 단순한 감정 폭발이 아니라, 인간의 존엄과 평등을 요구하는 정치적 열정으로 전환되어 자유, 평등, 박애의 원리를 탄생시켰다. 여기서 분노는 기존 질서를 파괴하는 힘인 동시에 새로운 질서를 창조하는 원동력이 되었다.

일제의 식민지 억압에 맞선 3·1 독립운동의 분노는 단순한 격분이 아니라 '정의와 자주'를 향한 집단적 의지였다. 이 분노가 아니었다면 주체적 민족의식과 민주 시민의식은 그렇게 빨리 성장하지 못했을 것이다. 이런 측면에서 보면, 분노는 역사를 전진시키는 정의감의 불꽃이라 할 수 있다. 분노가 도덕적 통찰과 이성적 판단에 의해 조정될 때 억눌린 생명의 에너지가 사회적 정의와 자유의 실현으로 전환된다. 분노는 인간이 '무관심의 동물'로 전락하지 않도록 막아주는 가장 근원적인 윤리적 충동이다.

그런데도, 분노는 종종 파괴의 원동력이기도 하다. 분노는 억제되어야 할 감정이라는 주장이 일찍부터 제기되었던 것은 이런 이유 때문이다.

분노는 생명적 에너지이자 자존의 신호이지만, 그 감정이 제어되지 못할 때 인간은 이성을 잃고 스스로 파괴적인 존재로 변한다. 따라서 분노의 억제는 단순한 감정의 부정이 아니라, 인간이 자신의 감정 위에 서는 능력, 즉 자기 통제와 도덕적 주체성을 지키기 위한 필수 조건이다.

분노를 억제해야 하는 이유는 그것이 이성을 압도하기 때문이다. 분노는 일시적으로 인간의 판단력을 마비시킨다. 분노의 순간, 인간은 사태의 전체를 보지 못하고, 오직 한 지점만을 확대하여 해석한다. 이성이 감정을 다스리지 못할 때, 분노는 인간을 '사유하는 존재'에서 '반응하는 존재'로 전락시킨다. 스토아 철학자 세네카가 "분노만큼 인간을 야수로 만드는 감정은 없다"고 말한 이유가 바로 여기에 있다. 한순간의 분노를 참지 못해 사태를 그르친 사례는 수없이 많다. 분노가 치밀 때는 반응하지 말고 먼저 숫자 열을 세라는 충고도 이런 상황에서 나온 것이다. 분노의 억제는 곧 이성의 복권, 즉 인간이 감정의 노예가 되지 않기 위한 최소한의 자기 보존이다.

분노는 파괴의 감정으로 기울기 쉽다. 본래 분노는 부당함에 대한 방어적 감정이지만, 적절히 통제되지 않으면 의도하지 않는 결과를 초래하기도 한다. 많은 폭력과 전쟁, 복수의 비극은 이성보다 앞선 분노가 초래한 결과다. 타인을 향하던 분노가 내면화되면 죄책감, 자기혐오, 절망으로 변한다. 불교가 분노를 탐욕과 어리석음과 함께 삼독의 하나로 본 이유는, 분노가 결국 자기 마음을 해치는 독이 되기 때문이다.

결국 표출할 것인가? 자제할 것인가? 이 문제를 해결하기 위해 나는 분노를 두 종류로 나눌 필요가 있다고 본다. 하나는 사적 분노이며, 다른 하나는 공적 분노이다. 그리고 결론적으로 사적 분노는 최대한 자제하고, 공적 분노는 때맞춰 표출하는 것이 합당하다고 주장한다.

사적 분노는 자기보존의 정념이다. 인간은 자신이 억울한 대우를 받거나 모욕당했을 때, 본능적으로 보복을 꿈꾼다. 이때 분노는 자기 정체성을 수호하려는 일종의 방어기제다. '모욕에 대한 보복의 욕망'이 바로 이 영역에 속한다. 그러나 이 사적 분노는 대체로 파괴적이고 오해의 후회를 동반한다. 그것은 타자에게 응징을 가함으로써 자신을 회복하려 하지만, 실제로는 상처를 더 깊게 만든다.

반면 공적 분노는 개인을 넘어선 감정이다. 한나 아렌트는 『혁명론』에서 "분노는 세계의 부정의(不正義)에 대한 자연스러운 반응"이라 말한다. 공적 분노는 타인의 고통에 공감할 때, 즉 '나의 문제'가 아니라 '우리의 문제'로 인식할 때 발생한다. 이러한 분노는 복수를 향하지 않고, 정의의 회복을 지향한다. 아렌트가 말한 '혁명의 정념'은 바로 이 공적 분노의 정치적 형식이었다.

스토아주의자들이 감정의 자제를 극단적으로 강조한 것은 그들이 사적 분노에 초점을 맞추었기 때문이다. 그들은 분노를 "광기의 짧은 형태"로 규정했다. 분노는 이성을 마비시키는 질병이며, 완전히 제거되어야 할 악이었다. 그들의 관점에서 보자면, 분노의 어떤 형태도 위험하다. 분노는 결코 미덕이 될 수 없었다.

그렇지만, 스토아주의자들은 공적 분노를 너무 과소평가했다고 나는 생각한다. 세계시민적 삶을 강조함으로써 공동체적 삶의 의미를 지나치게 평가절하한 것이다. 공동체적 삶에서 공적 분노는 인간의 존엄이 침해될 때 깨어나는 가장 인간다운 감정일 수 있다. 그것은 도덕적 무감각을 거부하는 감정이며, 불의에 대한 침묵을 거절하는 윤리적 용기이다.

결국 사적 분노는 자기를 확증하려는 정념이고, 공적 분노는 정의를 회복하려는 정념이다. 전자는 자기 내부를 향하고, 후자는 세상을 향한다. 전자는 감정의 폭발이며, 후자는 감정의 공감화다. 전자는 순간적이지만, 후자는 지속적이다. 철학의 과제는 이 분노를 소멸시키는 데 있지 않고, 그것을 도덕적 형식으로 승화시키는 데 있다.

아리스토텔레스는 『니코마코스 윤리학』에서 분노를 "부당한 모욕에 대한 보복의 욕망"이라 정의한다. 하지만 그는 분노를 비이성적 충동으로만 보지 않았다. 그는 "적절한 사람에게, 적절한 이유로, 적절한 방식으로 분노할 수 있는 것"이야말로 미덕이라고 말한다. 분노는 중용의 덕목 속에서 정의감의 일부를 이룬다. 인간이 모욕과 불의를 느낄 때 분노하는 것은 정의의 감정이며, 그것이 공동체의 윤리를 지탱한다.

분노는 언제나 위험하다. 그것은 늘 과잉으로 분출되기 쉽기 때문이다. 그러나 분노 없는 세계에는 정의도 없다. 분노는 인간이 불의에 무감각하지 않음을 방증한다. 그것은 인간이 여전히 정의를 믿고 있다는 징표이자, 세상을 변화시키려는 최초의 정념이기도 하다.

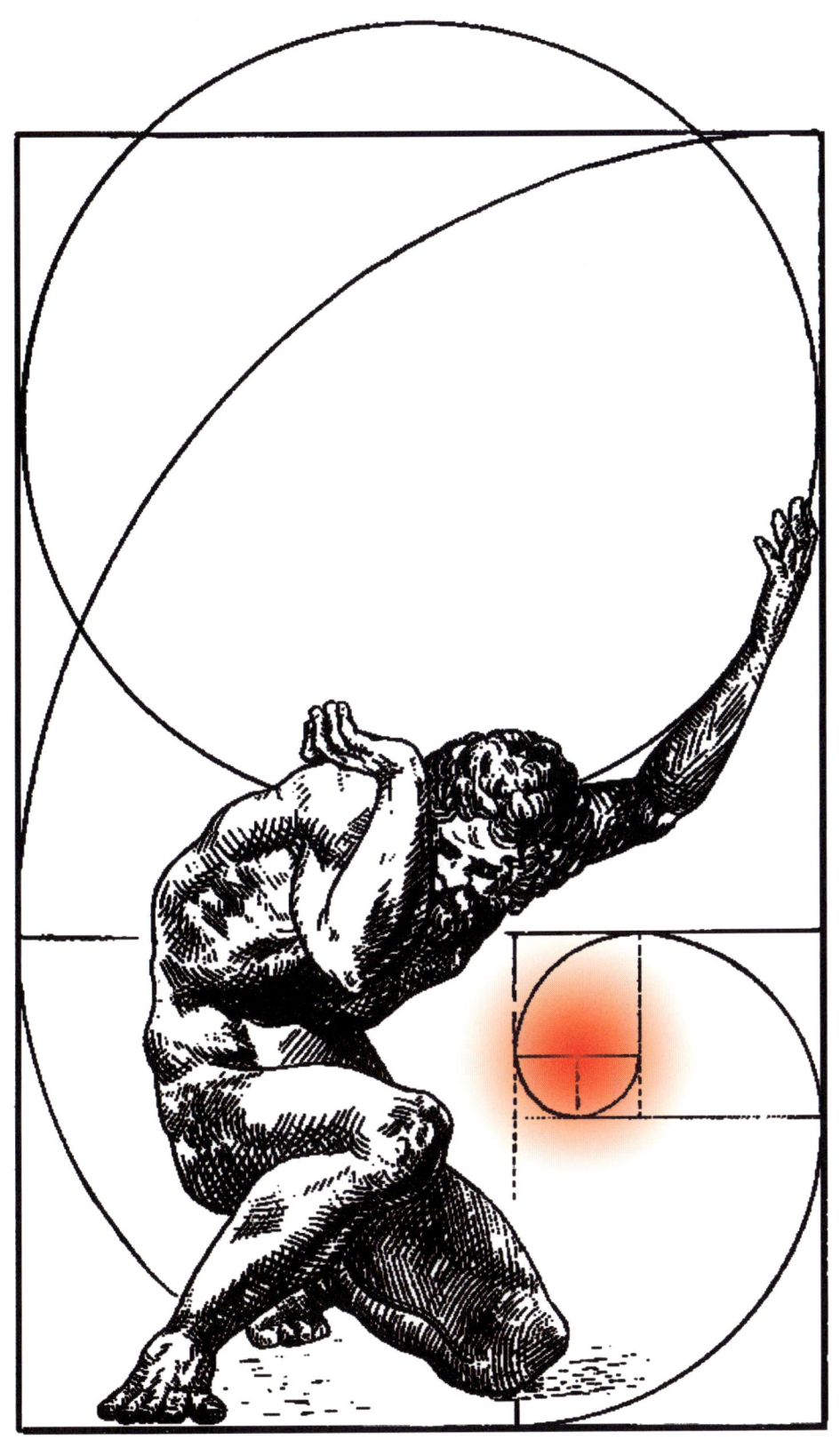

Eugène Delacroix <La Liberté guidant le peuple>

CONTENTS

화낼 줄 아는 용기

손병석
고려대학교 철학과 교수.
하버드대학교 철학과 객원교수와 서양고전철학회 회장을 거쳤으며,
국제고전철학회 명예회원으로 있다.

'분노'는 인간이 일상 속에서 가장 자주 마주치는 감정 가운데 하나다. 한국 사회에서 사람들은 집이나 학교, 직장, 각종 사회적 모임 등에서 분노를 유발하는 상황에 늘 노출되어 있다. 가정에서는 학업 문제로 부모와 자식이 갈등을 겪고, 직장에서는 상사의 부당한 갑질을 마주하기도 한다. 길 위에서는 교통체증에 짜증이 치밀고, 아파트에서는 층간소음이 끊임없이 신경을 건드린다. 하루를 시작하며 집문을 나설 때부터, 다시 집으로 돌아와 잠자리에 들기까지 우리는 다양한 형태의 분노를 경험하며 살아간다.

나 역시 고등학교 시절을 떠올리면 아직도 선명한 한 장면이 있다. 평소 얌전하고 온화하기로 소문난 선생님이 어느 날 수업 중 계속 떠드는 한 학생에게 크게 화를 내신 것이다. 놀란 학생이 갑자기 운동장으로 달아나자, 평소의 모습과 달리 얼굴이 벌겋게 달아오른 선생님이 그 학생을 잡겠다고 운동장 한가운데를 전력으로 질주하시던 모습이 지금도 눈앞에 그려진다.

분노가 오늘날 사회적 문제가 되는 이유는, 특히 디지털 네트워크 속에서 그것이 증폭·확산되고 있다는 사실 때문이다. SNS, 온라인 커뮤니티, 유튜브 등은 분노와 혐오를 자극하는 콘텐츠를 빠른 시간 내에 불특정 다수에게 퍼뜨리며 사회적 문제를 일으키고 있다. 코로나 팬데믹을 거치며 사람들은 불안과 고립, 우울 속에 놓였고, 사회적 불확실성과 정치적 무능, 그리고 음모론에 대한 실망은 분노를 더욱 촉발하게 만들었다.

분노의 감정에 주목하지 않을 수 없는 이유가 여기에 있다. 분노는 단순히 개인적인 영역에만 국한되지 않고, 사회·정치적인 공적 활동에 영향을 줄 수 있는 집단적 에너지로 작동될 수 있기 때문이다. 이것은 분노가 다른 여러 감정들과는 다르게 단순히 한 개인의 내적인 차원에서의 심리적 또는 생리적 운동이 아니라, 기본적으로 외적 상황, 특히 사회적, 정치적으로 조건 지어진 사회적 감정 또는 반응으로 볼 수 있음을 의미한다.

아리스토텔레스는 이렇게 말한다

그러면 중용의 철학자로 알려진 고대 그리스 철학자 아리스토텔레스는 분노에 대해 어떤 생각을 갖고 있었을까? 아리스토텔레스는 그의 작품 『수사학』에서 분노의 감정을 다음과 같이 정의한다.

"분노는 충동적이고 고통스러운 욕구다. 그것은 누군가 자기 자신이나 혹은 자기와 가까운 사람들의 인격을 근거 없이 경멸했을 때 가지게 되는 복수의 욕망이다. … 모든 분노의 감정에는 복수하고자 하는 희망이 주는 쾌락이 뒤따르게 된다"_『수사학』, 1378a31-1378b2

위 인용문에서 알 수 있듯이 분노를 느끼는 사람은 이중적인 심적 상태에 있다. 한편으론 자신이 누군가에 의해 모욕이나 경멸을 당한 것으로 인해 고통을 느끼면서, 다른 한편으론 자신을 그렇게 업신여긴 자에게 복수하고자 하는 생각을 떠올리면서 쾌락을 느낀다. 따라서 분노의 감정은 자신을 부당하게 대우한 그래서 자존감이나 가치를 무시하거나 경멸한 자에게 복수하고자 하는 '쾌락을 동반한 고통스러운 감정'이다. 여기서 아리스토텔레스는 분노 감정의 특성으로 고통을 주된 심리적 상태라고 말하면서도 복수와 관련해선 쾌락을 더 강조한다. 이러한 이유로 아리스토텔레스는 호메로스의 『일리아스』의 주인공 아킬레우스가 말한 "분노는 한 방울씩 떨어지는 꿀보다 더욱 단 것이다"는 말을 인용해 분노라는 감정에 복수를 통한 쾌락에의 욕구가 얼마만큼 강한 것인지를 역설한다.

문제는 '무시당한 것에 대한 고통을 복수에의 쾌락으로 표출하는 것이 정당화될 수 있는가' 하는 것이다. 아리스토텔레스는 이와 관련하여 분노의 부정적 측면과 긍정적 측면을 모두 언급한다. 먼저 분노의 부정적 측면은 그것이 본성상 지나치고 과도하게 거친 감정의 특성을 갖고 있다는 것이다. 그래서 아리스토텔레스는 분노는 '이성을 방해하는' 감정이자, "최선의 사람의 통치마저도 망가뜨린다"고 말한다. 분노한 사람은 고통에 사로잡혀 복수의 욕구를 갖고 미래의 위험은 신경쓰지 않고 복수를 수행하고자 한다. 그러면 아리스토텔레스는 세네카가 『분노론』에서 강조하는 것처럼 감정 자체가 악이 되기 때문에 아예 분노를 표출하지 않는 것을 도덕적인 인간의 태도로 보는 것일까?

분노를 올바르게 쓰는 법

이 물음에 아리스토텔레스는 분노의 긍정적 측면도 인정한다. 즉 분노가 이성에 맞서는 경향을 보임에도 불구하고 또한 '이성에 순응할 수 있다'는 것이다. 이것은 분노가 이성과 조화되어 올바른 분노가 될 수 있음을 의미한다. 즉 두려움과 같은 감정과 관련하여 용기의 덕이 성립할 수 있는 것처럼, 분노의 감정과 관련해서도 지나침과 부족함 사이의 중용의 덕이 가능할 수 있다. 여기서 중요한 점은 중용으로서의 분노의 성립조건이 부족함 내지 결여와 관련된다는 것이다. 즉 분노해야 할 때 분노하지 않는, 즉 '분노불감증' 역시 문제가 된다. 이와 관련하여 아리스토텔레스는 『니코마코스 윤리학』에서 다음과 같이 말한다.

"이 방면에서의 모자람은 그것이 '화낼 줄 모름'이든 다른 무엇이든 비난을

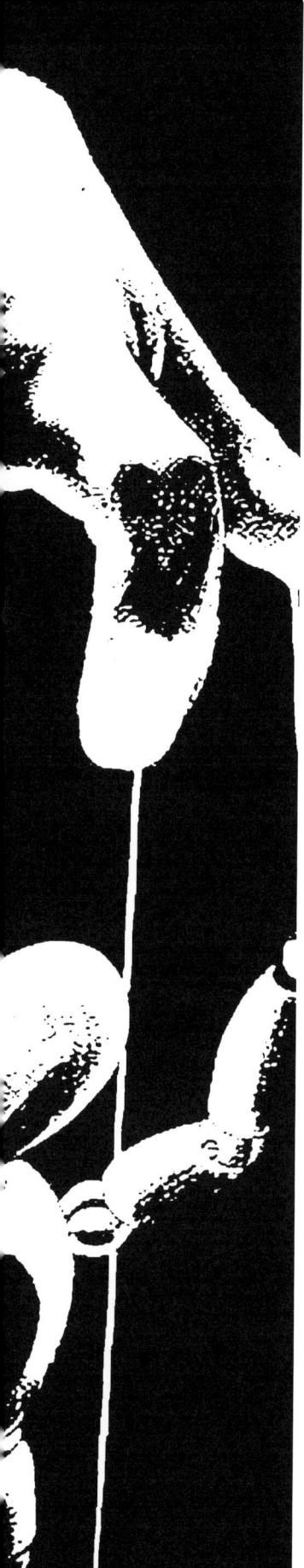

받는다. 마땅히 화를 내야 할 일에 대해 화를 내지 않는 사람들은 어리석은 사람으로 생각되고, 마땅한 방식으로 화를 낼 줄도, 마땅한 때에 마땅한 사람에 대해서 화를 낼 줄도 모르는 사람 역시 어리석은 사람으로 생각되기 때문이다. 이런 사람들은 지각할 줄도 모르고 고통을 느낄 줄도 모르는 사람이라고, 화를 내지 못함으로써 자기 자신을 방어할 줄도 모르는 사람이라고 여겨지니까. 또 모욕을 당하고도 그냥 참는 것, 자신의 가족이나 친구들이 당한 모욕을 도외시하는 것은 노예적인 일로 보이기 때문이다."
_『니코마코스 윤리학』, IV.5, 1126a3-1126a8

아리스토텔레스에 따르면 마땅히 분노해야 될 일에 분노하지 않는 사람은 어리석은 사람으로서 비난받아야 한다. 또한 분노하더라도 그것이 마땅한 방식이나 적당한 때 그리고 마땅한 사람에게 화를 내지 못하는 것 역시 어리석은 짓이다. 이런 사람은 자신의 가치를 알면서도 모욕을 감내하는 셈이며, 스스로를 방어하지 못하는, 곧 노예와 다름없는 존재가 된다. 자아존중감이나 인격적 가치를 훼손하는 모욕을 그대로 당하는 사람은 더 나아가 자신의 가족이나 친구들이 똑같은 모욕을 당해도 그것을 간과할 것이며, 이것은 결코 덕 있는 사람이 아니라 노예와 같은 어리석은 인간이 보여주는 행위 양태이다. 따라서 아리스토텔레스에게서 분노에 무감각한 사람은 능동적인 윤리적 주체가 될 수 없고, 그래서 자신의 존재성을 스스로 무화시키는 도덕적 결함을 갖고 있는 자이다.

그런데 여기서 오해하지 말아야 할 것은 아리스토텔레스에게서 정당화될 수 있는 분노는 그것이 엄격한 조건 하에서 인정되고 있다는 점이다. 핵심적인 요소는 분노의 인지적 측면이다. 즉 그에 따르면 분노에 따른 복수에의 욕구는 그것이 발생하기 전에 필히 모욕에 대한 지적인 판단을 필요로 한다. 이것은 상대가 자신의 정당한 가치를 의도적으로 부정하거나 존중하지 않았는지를 검토하는 지적 판단 과정이다. 다시 말해 상대방에 의해 부당하게 모욕당했다는 믿음이 엄밀한 이성적인 판단에 근거하고 있는지가 우선적으로 검토되어야 한다. 그래서 부당하다는 믿음이 사실이고, 그것을 지지할 수 있는 합당한 원인들에 근거하고 있다면, 그에 대한 분노의 반응은 정당화될 수 있다. 그리고 이때의 모욕의 정당성에 관한 판단은 기본적으로 가치론적 판단이라고 말할 수 있다. 모욕받은 자가 분노하는 이유는 본질적으로 자신의 자존감과 인격적 가치가 부당하게 손상되거나 부정당했다고 믿기 때문이다.

이것은 상대가 자신의 정당한 가치를 의도적으로 부정하거나 존중하지 않았는지를 검토하는 지적 판단 과정이다. 온화한 분노로서의 관엄(寬嚴)함(praotēs)이 그러한 올바른 분노의 유형이라고 말할 수 있다. 그에 따르면 프라오테스(praotēs)는 분노와 관련된 중용의 감정으로서 "온화한 사람은 동요가 없는 사람이며, 또 감정에 의해 휘둘리지 않고 이성이 명할 것처럼 그렇게, 화를 낼 만한 대상에 대해 화를 낼 시간 동안 분노하는 사람이다." 즉 온화한 사람은 적합한 상황에서, 적합한 대상에게 마땅한 이유로 화를 낼 줄 알거나, 또는 마찬가지 방식으로 화를 멈출 줄 아는 자이다. 앞서 살펴본 것처럼 아리스토텔레스에서 분노는 이성에 맞서는 그래서 거친 폭력적 감정으로 표출될 수도 있지만, 그 반대로 부정이나 불공평에 대항해서 개인적인 자존감과 사회정의를 실현할 수 있는 순기능을 갖는 감정이 될 수 있다.

분노가 깨어있는 사회를 만든다

외양적으론 건강한 사회처럼 보이지만 속으로 병든 공동체인 경우, 분노는 그것의 허상을 벗겨줄 수 있는 진실의 목소리일 수 있다. 마치 한 마리 물고기가 썩어가는 저수지를 휘저음으로써 다시 그 저수지에 산소를 공급하는 생명 지킴이의 역할을 할 수 있는 것처럼, 분노는 잠들어 있는 공동체를 깨울 수 있는 이성적인 영혼의 외침이 될 수 있다. 정당한 분노에 눈을 감는 사회는 곧 그 사회의 불의와 부정 그리고 도덕적 타락을 용인하는 사회이다. 그렇기 때문에 우리는 기뻐해야 할 때 기뻐할 수 있어야 하는 것처럼, 분노해야 할 때 분노할 수 있어야 한다. 물론 분노가 남용되어서는 안되지만 행복하고 건강한 사회가 실현되기 위해선 숭고하고 정당한 분노의 가치가 인정될 수 있어야 한다. 정의로운 분노가 부정되는 사회는, 아리스토텔레스가 말하는 것처럼, 자유인이 아닌 노예들의 사회이기 때문이다.

스토아학파는 정당할까?

스토아주의자들은 잘 알려진 대로 격렬한 감정에 대해 강한 거부감을 가지고 있지만, 분노는 그들에게 특별한 두려움을 안겨준 것으로 보인다. 그들에게 분노에 대한 최선의 대응은 항상 '통제'라는 용어로 표현된다. 그들은 분노는 '다스리고', '길들이고', 또는 '조절해야'라고 말한다. 세네카는 더 나아가 말했다.

"우리는 분노를 통제해서는 안 되며, 완전히 파괴해야 한다. 본질적으로 악한 것에 대해 어떤 통제가 필요하겠는가?"

스토아학파만 분노를 혐오한 건 아니다. 사회가 전반적으로 분노를 부정적으로 보면서 이른바 '분노 관리'는 하나의 호황 산업이 됐다. 일부 국가에서는 법원이 재활의 일환으로 분노 관리 프로그램 이수를 명령하기도 한다. 영국에는 '영국 분노관리협회(BAAM!)'라는 단체까지 있다. 이 단체의 웹사이트는 의도적으로 모호한 표현을 동원해 분노 관리가 "현재 심리교육 분야에서 가장 빠르게 성장하는 영역"이라고 주장한다. 흥미로운 점은 그 사이트가 분노를 일관되게 '나쁜 것'으로 전제한다는 사실이다. 이 전제는 별다른 논증 없이 제시되고, 자명한 상식인 양 취급된다. 물론 분노가 파괴적이고 해로울 수 있다는 점은 부정하기 어렵다. 분노가 언제나 행동의 적절한 근거가 되는 것도 아니다. 그래서 '하룻밤 자고 나서 보라'는 조언이 나온다. 아침이 되면 관점이 달라질 수 있어서다. 그러나 스토아주의자에게 분노는 어떤 경우에도 정당한 반응이 아니다.

비이성적이고 자연스럽지 않은 감정?

스토아주의자에게 세계는 두 부분으로 나뉜다. 하나는 행동·태도·선택처럼 전적으로 나의 통제 아래 있는 내면의 세계이고, 다른 하나는 그 밖의 모든 외부 세계다. 내가 외부 세계와 맺는 관계는 나의 덕성 수준에 달려 있다. 용기·지혜·정의·절제라는 네가지 주요 덕목의 판단에 따르는 만큼 덕을 지닌다. 실천은 이 덕목들의 가장 온전한 결합을 통해 세상을 보고 반응하는 렌즈를 만드는 일이다. 그렇게 할 때 어떤 외부 상황이 닥치더라도 올바르게 판단하고 덕스럽게 행동할 수 있다. 덕만이 선이고, 악덕은 악이다. 외부 세계를 덕스럽게 판별하는 정도가 곧 나의 선함을 규정하며, 이는 이성에 달려 있다.

여기서 스토아 철학의 결정적인 전환점이 드러난다. 나는 외부 세계와의 관계에서 덕스러운 선택을 할 수 있지만, 외부 세계 그 자체는 중립적이다. 그것은 선도 악도 아니다. 외부적 요소는 덕과 악의 차이를 만들지 못한다. 오직 내가 그 요소들에 대해 어떻게 생각하고 행동하느냐가 차이를 만든다. 지갑을 잃어버리거나, 기차를 놓친다든가, 면접에서 떨어지는 것, 심지어 자녀의 죽음까지도 그 자체로 선하거나 악하지 않다. 중요한 것은 오직 그 사건들에 대한 나의 반응이며, 이는 내 통제 아래 있다. 핵심은 내 도덕적 성격이고, 외적 요소는 그것을 좌우하지 못한다.

자연스러운 반응으로서의 분노

스토아주의는 오늘날 생활의 압박에 대응하며 최근 몇 년 사이 다시 상당한 인기를 얻었다. 현대 스토아주의자들은 분노에 휩싸이면 이성적 능력이 압도되어 어떤 의미에서 인간성이 쇠퇴한다고 본다. 그들에게 분노 같은 강한 감정은 인간 발달의 원시적 단계에 남은 잔재이며 이제 버려야 할 것에 가깝다. 그러나 분노가 '진화적 기원'을 가졌다는 이유로 쓸모없다고 말하는 것은, 음식물 소화가 오래된 진화의 산물이라는 이유로 더는 필요 없다고 주장하는 것과 다르지 않다.

분노의 신경과학을 포괄적으로 검토한 리카르도 윌리엄스는 분노를 포함한 정서 반응이 진화적 유산으로서 필수적 적응 기능을 수행한다고 지적한다. 그는 "최근 발달 및 임상 연구는 분노와 격노가 정상 및 비정상 성격 발달의 측면에서 중요함을 강조했다"면서, "분노와 격노는 개인의 일관성과 자율성을 회복하거나 실패를 겪었을 때 목표 추구를 지속하기 위한 필수적 도구로 간주된다"고 쓴다.

뜨거움이 이성을 만든다

오히려 분노가 의사결정에 방해되기보다 도움이 될 수 있음을 보여 주는 연구들이 적지 않다. 예컨대 UC 산타바버라의 세 부분으로 구성된 연구에서는 분노가 분석적 사고를 높이는 효과가 확인되었다. 분노한 피험자들이 의사결정에서 덜 유용한 정보를 더 자주 걸러냈기 때문이다. 또한 매튜 허트슨은 뉴욕 타임스 기고문 「The Rationality of Rage」에서 관련 문헌을 요약하며, 분노가 통제 상실이 아니라 명확한 적용 범위와 규칙, 나름의 논리를 가진 감정임을 지적한다. 적절히 사용될 때 분노는 더 나은 협상 결과를 이끌고, 연대를 결집하며, 공동의 삶을 개선할 수 있다. 따라서 분노는 행동과 사고를 더 합리적으로 만들 수 있으며, 상황에 따라서는 충분히 합리적이기까지 하다. 핵심은 감정을 건설적인 행동으로 조직하고 방향을 부여하는 일이다. 2500년간의 스토아적 통념과 달리, 분노는 실제로 합리적이고 유용한 자원이 될 수 있다.

도덕적 덕목

또 다른 철학자들은 분노에 도덕적 차원이 있다고 본다. 아리스토텔레스와 토마스 아퀴나스, 18세기 경험론자 애덤 스미스, 그리고 현대 철학자들로 이어지는 전통에서 분노는 서로를 도덕적으로 책임지게 하는 수단으로 이해된다. 이 견해에 대한 현대적 대표자는 피터 스트로슨이다. 그는 1960년 논문 「자유와 원한」에서 분노 같은 부정적 감정이 도덕적 평가의 표현이며, 우리가 도덕적 존재인 것은 감정적 수준에서 서로의 행위에 대해 어떻게 생각하고 반응하는지에 관심을 갖기 때문이라고 주장한다.

스트로슨은 사람들이 타인의 행위에 반응하여 분노, 원한, 감사 같은 감정을 표명한다는 점을 관찰했다. 따라서 누군가에게 그 행위의 도덕적 책임을 묻는 일은 곧 이러한 '반응적 태도'를 느끼고 표현하는 일과 다르지 않다. 내가 당신에게 분노를 느낀다면, 그것은 당신의 말과 행동에 도덕적 차원에서 응답하고 있음을 뜻하며, 그 분노는 당신을 책임의 주체로 호명하는 수단이 된다.

이 관점에서 감정은 도구적일 뿐 아니라, 도덕적 책임이 작동하는 근본적 메커니즘이다. 그리고 스토아적 관점과 달리, 상황에 따라 이러한 감정적 반응을 갖는 일은 정당화될 수 있다.

창조의 불길

분노는 또 다른 긍정적 차원을 가질 수 있다. 예술적 창의성과 감정 상태, 특히 분노의 관련성에 대한 사유는 아리스토텔레스까지 거슬러 올라가며, 역사적 사례도 적지 않다. 1963년 9월 어느 일요일 아침, 쿠 클럭스 클랜이 미국 앨라배마주 버밍엄의 한 침례교회에 폭탄을 설치해 네 명의 소녀가 숨졌다. 가수 니나 시몬은 분노에 사로잡혔고, 한 시간도 채 되지 않아 <Mississippi Goddamn>을 썼다. 이 노래는 그녀가 느낀 분노의 직접적 표현이자, 20세기 가장 강력한 저항의 노래로 평가 받는다.

베토벤은 극한의 감정을 창작의 동력으로 전환한 대표적 사례다. 그의 삶에서 겪은 고난과 성공을 보면, 그는 분노를 포함한 감정을 창의적 힘의 지침으로 삼아 음악에 응축했다는 점이 분명하다. <교향곡 9번>의 격렬한 도입부, <교향곡 6번>의 폭풍 악장은 이를 잘 보여준다. 스토아학파는 이런 극단적 감정 반응을 '건강하지 않다'고 평가할지 모르지만, 바로 그 감정이 창의성을 촉진했고, 그 결과 우리는 더 풍요로운 유산을 갖게 되었다.

현대미술에서 분노를 창의성의 추진력으로 삼은 가장 유명한 예는 파블로 피카소의 <게르니카>다. 이 작품은 역사상 가장 위대한 반전 그림으로 널리 인정된다. 1937년 4월 26일, 스페인 내전 초기 바스크 지방 게르니카가 독일·이탈리아 공군의 폭격을 받아 참상이 벌어졌다. 피카소는 사건에 대한 분노로 곧바로 작업에 몰두해, 불과 35일 만에 거대한 걸작을 완성했다. <게르니카>는 그의 분노가 응축된 회화로 흔히 '분노의 유화'라 불린다.

몇 년 뒤 독일 점령 하의 파리에서, 한 게슈타포 요원이 피카소의 아파트에 들이닥쳐 작품 사진을 가리키며 "이걸 그렸나?"라고 묻자, 피카소는 "아니, 당신들이 그렸잖소"라고 답했다. 그 한마디에는 분노의 날이 서 있다.

분노는 때로 선물이 될 수 있다

스토아학파는 분노를 일차원적으로만 본다. 분노가 때로는 이성적·창의적·도덕적으로 옳을 수 있다는 가능성을 의도적으로 배제한다. 분노를 전면 부정하는 태도는 오히려 비이성적이며, 그들 스스로 말하는 덕의 추구를 가로막는다. 이 입장은 때로 모욕적인 모순으로도 이어진다. 예컨대 전쟁으로 무너진 건물에서 자녀의 시신을 수습하는 우크라이나의 한 아버지가 느끼는 고통과 분노를 두고, 그가 비이성적일 뿐 아니라 도덕적으로도 그르다고 판단하는 관점이 그렇다. 그러나 이런 결론은 스토아 윤리의 기본 전제들로부터는 논리적으로 도출된다.

나는 분노가 때로는 덕이 될 수 있다고 본다. 그것은 우리가 잘못되었다고 여기는 일에 대한 적절한 반응이며, 세상이 어떻게 되어야 하는지, 그리고 우리가 무엇을 소중히 여기는지를 보여주는 가치 판단의 표현이기도 하다. 이 도덕적 판단은 곧 의지의 움직임이다. 불의에 대한 올바른 감정적 반응은 분노다. 이성과 감정이 바르게 조화를 이룰 때 우리는 불의를 그 본질대로 인식하고 분노를 느낀다. 불의를 보고서도 분노하지 않는 사람은 도덕적 감각이 왜곡된 사람이다.

Francisco de Goya <El Tres de mayo en Madrid>

* 이 글은 *Philosophy Now*와의 협약을 통해 공동 게재하였습니다
https://philosophynow.org/issues/163/Stoics_in_Need_of_Anger

보복 너머에 있는 것, 인정

로라 실바 Laura Silva
캐나다 퀘벡주 Université Laval의 정치학 조교수.
도덕심리학, 페미니즘 철학, 정신과 감정의 철학, 인식론, 심리철학이 교차하는 지점을 연구한다.

분노는 전통적으로 '보복의 감정'으로 이해되어 왔고, 흔히 적대적 정서의 대표 사례로 여겨진다. 기존의 통설은 분노라는 감정의 중심에 복수심이 있다는 전제를 깔고 있다. 분노가 본래 복수를 지향한다면, 그것을 적대적 감정으로 파악하는 것은 타당하다. 실제로 분노는 종종 상대를 처벌하려는 행동으로 이어지기 때문이다.

분노 = 보복?

정설적 관점은 분노의 핵심을 보복하려는 욕망에서 찾는다. 즉 가해자가 저지른 잘못에 대해 그가 고통을 겪기를 바라는 마음이 분노의 중심이라는 것이다. 아리스토텔레스도 분노한 사람을 타인에게 고통을 가하려는 자로 보아 분노와 고통의 긴밀한 연결을 지적했다. 최근의 연구들 역시 분노를 '공격 충동', '보복의 욕구', '상대의 불행을 바라는 정서' 등으로 규정하며, 결국 분노가 어떤 형태로든 상대의 고통을 향하는 경향이 있음을 인정한다. 이러한 관점은 분노를 적대적 정서로 보기 적절하다고 설명해 준다. 분노에 사로잡힌 우리는 상대의 잘못에 대한 대가로 고통을 주려 하며, 그 결과 적대감이 뒤따르게 된다. 물론 분노가 늘 폭력적 행동으로 곧장 이어지는 것은 아니지만, 보복의 욕망과 강하게 결부되어 있는 한 분노는 본질적으로 처벌적·적대적 성격을 띤다고 할 수 있다.

오래된 연결고리

분노를 보복의 감정으로 보는 관점이 정설이 되었고 오래 유지된 것은, 그것이 권력자들의 이해와 맞아떨어졌기 때문일 수 있다. 심리학과 감정사 연구는 우리가 일상적으로 '분노'라 부르는 개념이 사실 불공정한 사회구조에 의해 형성되었음을 보여준다. 서구 역사에서 정치적·종교적 권력을 장악한 것은 소수의 지배층과 점점 부유해진 기독교 교회였고, 이런 권력 구조는 분노를 경계하고 통제하려는 담론과도 결부되었다. 특히 세네카의 분노 비판이 교부들에게 큰 영향을 미쳤다는 사실은 주목할 만하다. 세네카는 분노를 "복수를 갈망하지만 결국 복수자도 파멸시키는" 감정으로 보아, 개인에게도 공동체에게도 해로운 것으로 규정했다.

흥미로운 점은 정당하고 도덕적인 분노를 인정했던 아리스토텔레스가 아니라, 세네카가 교회에 더 큰 영향을 끼쳤다는 사실이다. 일단 종교적 가르침에 새겨진 이후, "분노는 본질적으로 보복적이다"라는 관념은 민중 심리에 쉽게 자리 잡았다. 만약 교회가 세네카의 저작에 그토록 의존하지 않았다면, 오늘날의 분노 개념은 달라졌을지도 모른다.

또 한 가지 주목할 점은, 분노가 죄악으로 규정된 경우에도 예외가 존재했다는 사실이다. 성서에서 하나님은 분노할 수 있으며 그 분노는 정당한 것으로 받아들여졌다. 오히려 신의 분노는 신성성을 훼손하지 않고 전능성의 한 표현으로 간주되었다. 이런 신적 분노는 곧장 지상권력의 정당화로 이어져 ira regis, 즉 '왕의 분노'라는 개념으로 수용되었다. 교회가 부여한 신적 정당성 덕분에 왕의 분노는 합리적이고 덕 있는 것으로 받아들여졌고, 그 결과 '덕 있는' 분노는 왕과 귀족의 특권으로 자리 잡는 반면 하층민은 그 영역에서 철저히 배제되었다.

분노는 누가 누구를 향하느냐에 따라 다르게 해석되었다. 낮은 사회적 지위를 가진 개인이나 집단의 분노는 덜 합리적인 것으로 여겨졌고, 실제로는 어떤 잘못도 드러내지 않는 것으로 취급되었다. 즉, 피억압 집단의 분노는 불의에 대한 정당한 반응으로 인정되지 않았고, 잘못이 있었다는 사실을 알리는 신호로도 받아들여지지 않았다. 반면 지배 집단의 분노는 곧잘 그렇게 인식되었다.

분노를 본질적으로 보복적이라고 보는 관점은, 피억압 집단의 분노를 무시하려는 사회적 태도와 맞물려 작동했다. 만약 분노가 인정이 아니라 처벌을 목적으로 한다면, 분노는 불의가 일어났다는 사실을 알리지 않는다. 대신 그저 '분노한 사람이 상대를 고통스럽게 만들고 싶어 한다'는 의미만 전달할 뿐이다. 이렇게 이해된 분노는 쉽게 지나치다고 치부되며, 보복적 행동으로 이어질 위험 때문에 도덕적으로 문제적인 것으로 여겨지기 쉽다.

결국 이런 처벌 중심의 분노 개념은 분노의 진짜 목적, 즉 '잘못을 인정받고자 하는 욕구'를 가리거나 억누른다. 그 결과 손해를 보는 쪽은 피억압 집단이고, 반대로 이익을 보는 쪽은 권력을 가진 집단이다. 나는 보복적 분노 개념이 반드시 이런 의도로 만들어졌다고 주장하는 것은 아니지만, 그것이 결과적으로 권력을 가진 자들, 특히 권력을 내려놓기를 꺼리는 자들에게 유리하게 작동한다는 점은 분명하다.

분노의 또 다른 얼굴: 인정

정설과 달리, 분노에는 또 다른 요소가 있다고 본 견해가 있다. 바로 가해가 있었음을 인정받고자 하는 욕망이다. 분노는 상대를 처벌하기보다 존중과 인정을 요구하는 감정이라는 관점은 애덤 스미스에게서도 찾아볼 수 있다. 그는 분노의 목적이 단순히 "상대가 똑같이 고통을 겪게 하는 것"이 아니라, "피해자가 그런 대우를 받아서는 안 되는 존재임을 상대가 깨닫게 만드는

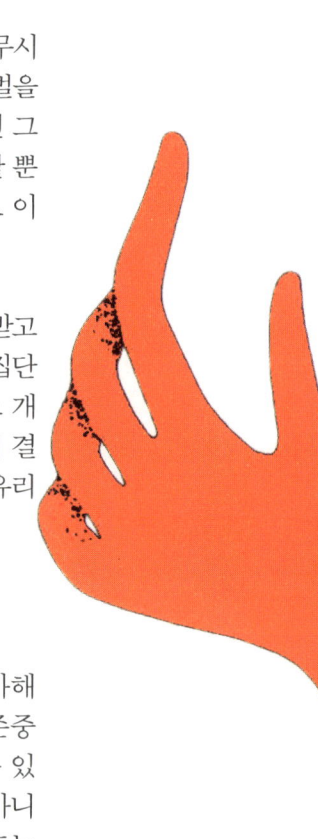

것"이라고 말했다. 따라서 분노는 상대의 지위를 깎아내리거나 모욕하거나 굴욕감을 주려는 것이 아니다. 분노가 요구하는 것은 상호적인 존중과 인정이다.

우리가 화가 날 때 바라는 것도 대체로 비슷하다. 상대가 자신이 저지른 잘못의 심각성을 인정하기를 바라는 것이다. 처음에는 그 잘못에 대해 정당한 이유를 듣고 싶어할 수 있다. 예를 들어, "저녁 약속에 오지 못한 건 당신을 신경 쓰지 않아서가 아니라 아팠기 때문이야" 같은 설명이 있다면 상황은 달라질 수 있다. 하지만 그런 정당화가 불가능하다면, 우리는 책임을 요구하게 된다. 즉, 가해자가 자신의 행동이나 무책임을 잘못으로 받아들이기를 바라는 것이다. 우리가 원하는 것은 그를 실제로나 상징적으로 해치려는 것이 아니라, 그가 우리의 피해가 용납될 수 없는 일이었음을 인정하는 것이다.

가령, 당신이 이혼하는 과정에서 가장 힘들 때 곁에 있어주지 않은 가장 친한 친구에게 화가 났다고 해보자. 그 시기에 친구는 충동적으로 3개월간 해외여행을 떠나버렸다. 그에게 화를 내는 것은 정당하지만, 그렇다고 해서 그가 고통을 겪기를 바라지는 않을 것이다. 또한 그를 사회적으로 배제하거나 평판을 훼손하려고 하지는 않을 것이다. 당신의 분노는 친구가 고통을 받는 데 목적이 있는 게 아니라, 자신이 저지른 일을 이해하게 만드는 데 목적이 있다. 설령 보복적인 행동을 취한다 해도, 그것은 친구가 자신의 잘못을 깨닫게 하기 위한 것이지 단순히 보복으로 고통을 주려는 것은 아니다. 결국 보복은 인정에 대한 욕망을 이루기 위한 수단적 성격에 불과하다.

왜 때때로 공격성이 드러날까

과거에는 공격적 행동이 단순히 파괴적이고 비효율적이며, 아무런 가치도 없는 것으로 여겨졌다. 하지만 오늘날에는 기능주의적 관점에서, 공격성 역시 목표가 좌절되거나 부당한 상황을 바로잡기 위한 수단으로 이해된다. 실제로 공격적 행동은 때때로 문제를 해결하는 데 효과적이고 심지어 건설적일 수 있다.

많은 연구들은 공격성이 흔히 '잃을 것이 없는(nothing-to-lose)' 상황에서 나타난다고 보고한다. 이는 행위자가 부당한 상황을 바꿀 능력이 거의 없다고 느낄 때다. 집단행동 연구에서도, 파괴적 행동은 단순히 분노의 크기 때문이 아니라, 다른 방법으로는 변화를 만들 수 없다고 여길 때 발생하는 것으로 나타났다. 이런 결과는 집단이나 제도에 대한 분노가 본래는 건설적 집단행동을 촉발하지만, 의사소통적 수단이 반복해서 막히거나 실패할 때에만 처벌적 행동으로 전환된다는 점을 보여준다. 분노의 대상이 결코 바뀌지 않을 것이라는 인식이 바로 '잃을 것이 없는 상황'의 특징이다.

따라서 우리는 분노의 핵심 욕망이 결국 인정에 있다는 가능성을 진지하게 받아들여야 한다. 다만 이 관점에서도, 인정이 완전히 차단되거나 거부될 때에 한해 보복의 욕망이 나타날 수 있다.

분노의 본질은 인정이다

설령 복수가 실행된다 해도, 분노가 얻는 진정한 만족은 가해자가 고통을 받는 장면 자체에서 나오지 않고, 오히려 가해자가 자신의 잘못을 깨닫고 태도를 바꾸는 변화에서 온다. 따라서 단순한 처벌만으로는 분노의 핵심 욕구를 충족시키기 어려울 수 있다. 즉, 처벌은 분노를 해소하는 데 있어 필요조건도 충분조건도 아니며, 대개는 인정을 강제하기 위한 수단으로 기능한다. 실제로 보복은 흔히 '잃을 것이 없는' 상황에서 발생하는데, 그런 경우에도 분노가 본질적으로 바라는 것은 여전히 인정이다. 다만 다른 경로가 봉쇄되었기에 보복이라는 방식으로 그것을 얻으려는 것이다. 결국 분노를 구성하는 근본적 욕구는 '인정'일 가능성이 크며, 정설은 분노를 곧바로 보복 욕구로 환원함으로써 이 핵심을 간과해 왔다. 보복 욕망은 어디까지나 내재적 목표인 인정을 이루기 위한 수단적 역할에 불과하다.

* 이 글은 Springer Nature와의 협약을 통해 공동 게재하였습니다.
원문: Silva, L. Is Anger a Hostile Emotion?. Rev.Phil.Psych. 15, 383-402 (2024).

창조적 분노,
이중성을 견디며 세계를 짓는 힘

안희제
인류학 연구자이자 문화비평가.
대중문화 한복판에서 감정이 개인과 사회의 삶에 무슨 일을 하는지 해석하는 글을 써 왔다.

인간은 추상적 악에 분노하지 않는다. 분노는 언제나 구체적인 누군가, 혹은 어떤 상황을 겨냥한다. 그리고 이중성 혹은 위선은 교양의 시대 이래로 언제나 분노의 대상이었다. 교양의 개념이 처음 만들어진 독일에서 'Bildung'은 교양 이전에 형태, 구성이라는 의미다. 교양은 이전보다 나은 나를 건설해 나가는 과정이다. 성인식과 같은 의례가 청소년을 성인으로 만드는 것이므로, 의례 중에 있는 이는 청소년도 성인도 아닌 경계의(liminal) 존재라는 점을 발견한 인류학의 통찰처럼, 거듭난다는 것은 항상 '벗어나고자 하는 나'와 '되고 싶은 나'라는 이중의 '나'로 존재하는 일이다. 교양은 영원한 의례다.

이중성은 교양인의 필연적 구조다. 그래서 이를 비판하고 분노하는 일은 자칫 교양의 본질을 이해하지 못한 행위로 보이기 쉽다. 하지만 그렇다고 한국 사회에서 두드러지는 '위선'에 대한 분노를 곧장 '한국인들의 도덕주의'나 '교양에 대한 무지'로 치부해 버리면, "한국인들이란…"으로 끝나는 민족 환원론에 머무를 뿐이다. 오히려 '위선'이 언제나 '지저분한 내면과 번듯한 외면'이라는 도식으로 정의되면서 당연히 분노할 만한 대상이 되어온 구조 자체에 주목할 때, 지금 분노가 할 수 있는 일에 대해 더 이야기할 수 있다.

두 개의 위선

사적으로는 부도덕하면서도 공적으로는 고결한 얼굴을 내세우는 행위는 강한 배신감을 불러일으킨다. 반면 공적으로 무수한 이들을 죽음으로 내몰고도 가족에게 따뜻한 아버지였다는 서사는 좀처럼 위선이라 불리지 않는다. 후자는 위선보다 차라리 '선한 개인이 악마가 될 수밖에 없었던 세계의 비극'으로 이야기된다.

겉과 속이 다른 '위선'에서 '진짜'는 내면에 있는 악이 된다. 한 개인은 공적인 관계에서 자신의 도덕적 지위를 유지하거나 상승시키기 위해 외면을 선하게 관리함으로써 악한 내면을 감춘다. 그래서 '사생활'은 언제나 악한 내면의 증거가 된다. 이러한 통상적인 어법에서 선과 악은 본질적인 것이 되며, 한 인간은 결코 변할 수 없는 존재가 되어 버린다. 본모습을 감추고 겉보기의 무언가를 연기할 뿐. 공과 사 사이의 불일치는 개인의 외면과 내면 사이의 불일치와 한 덩어리가 된다. 지금 한국 사회에서 '위선'은 이처럼 관계에서의 공과 사, 개인에서의 외면과 내면에 대한 뚜렷한 이분법을 전제할 때만 가능하다.

이 전제를 파헤치기 위해 이 글은 두 개의 위선을 제시한다. 하나는 사적으로는 악하지만 공적으로는 선한 '공적 위선'이며, 다른 하나는 공적으로는 악하게 행동하지만 사적으로는 선한, 흔히 '위악'이라 불리는 형태를 재명명한 '사적 위선'이다. 위선과 위악이라는 통상적 구분 대신 '공적 위선'과 '사적 위선'이라는 새로운 이분법을 사용하는 이유는, 기존 구분 속에 은폐된 위계와 가치 판단의 전제를 드러내기 위함이다. 어쩌면 우리가 위선을 향해 분노할 때, 그것은 위선 자체에 대한 반대라기보다 '어떤 위선을 동조할 것인지'를 선택하는 행위일지도 모른다. 마치 위선/위악의 이분법이 "진짜 내면은 선하다"라는 환상을 강화함으로써, 실제로 해를 끼치는 '위악'을 오히려 견딜 수 있게 만드는 것처럼 말이다.

진정성과 분노
우리가 흔히 분노하는 위선은 대부분 공적 위선이다. 그것은 공적으로 드러나는 모습에서 생겨나는 기대 때문일 수도 있고, 모든 인간은 결국 악하다는 전제 아래서, 누구에게든 실망하고 체념할 준비가 되어 있기 때문일 수도 있다. 인간에 대한 기본적인 기대조차 질식시키는 세계에 존재하는 것은 위선과 위악이 아닌 위선과 악이다. 어쩌면 사적 위선이 이야기되지 않는 것은 실제로 선한 사람은 존재하지 않는다는 냉소가 보편적이기 때문일지도 모르겠다. 그러니 공적인 문제에서 출발할지라도 결국 그 도착점은 그 문제에 얽힌 개인의 사적인 차원과 내면의 '진짜' 악한 모습이 될 수밖에 없다. 위선은 이중성에 대한 태도를 가장 집약적으로 보여 준다. 겉과 속이 다르다는 데서 오는 분노는 진정성의 훼손에 대한 감각에서 비롯되기 때문이다. 언행이 일치하고 앞뒤가 같은 사람에게 '진정성'이라는 의심받지 않는 가치를 부여하는 바로 그 가치 체계가 이중성에 대한 분노를 가능하게 한다.

진정성은 종종 일관성과 똑같은 의미로 사용되지만, 진정성은 일관성보다는 일관성을 성취하고자 애쓰는 과정에 가깝다. 근대 사회에서 개인의 내면과 세계가 충돌할 때, 내면의 열망을 동력으로 세계 변화를 추구하며 투쟁하는 실천이 곧 진정성이기 때문이다. 즉, 분노는 '진정성'이라는 이름으로 제시되는 일관성의 기대가 무너질 때만 생기는 감정이 아니다. 더 중요한 것은, 스스로를 일관된 존재로 만들고자 자신을 밀어붙이는 진정성에서 솟구치는 힘이라는 점이다. 이때 진정성은 내가 살고 싶은 삶, 내가 되고 싶은 모습, 그리고 그것들이 가능해지는 세계를 만들기 위한 분노를 불러내는 조건이 된다.

진정성이 일관성을 성취하고자 애쓰는 과정이라고 했을 때, 그것은 거듭나기 위한 노력, 즉 이행의 경험에 부여되는 가치다. 흔히 이야기되는 것과 달리, 진정성은 이중성과 반대되는 것이 아니라, 이중성을 잘 다루기 위해 필요한 고민이자 방법이다. 진정성은 당장 해소되지 않는 이중성이나 모순을 제거하는 것이 아니라, 자신을 포기하지 않으면서 일관성으로 나아갈 수 있도록 윤리적으로 관리하는 것이다. 언제나 존재할 수밖에 없는 이중성의 잔여를 인정하면서도 거기에 그저 머무르지 않으려는 태도로서의 진정성.

창조적 분노, 그리고 순진하고 절박한 믿음에 관하여
지금 한국 사회에서 일부 정치인들은 급속한 산업화와 IMF 외환위기, 투기 자본주의의 밀물로 찾아온 한국 사회의 정치경제적 불안정을 소수자에 대한 증오 선동으로 은폐하고 있다. 이 증오 선동은 자기 삶의 괴로움에서 비롯되는 세계에 대한 분노를 자신들의 특권을 유지하는 데 동원하기 위해 소수자들을 희생양으로 삼는 폭력이다. 이때 이들이 동원하는 분노는 인간답게 살고 싶지만 그러지 못한다는 데서 나오는 분노가 아니다. 오히려 자신이 마땅히 얻어야 할 특권을 빼앗겼다는 르상티망(ressentiment)에서 비롯된다. 더 나은 삶의 모습을 특권으로만 상상할 수 있게 만드는 사회에서 분노는 왜곡된 응분의 몫에 대한 원한을 증폭한다.

이런 분노는 문제를 천천히 들여다보고 해결책을 모색하기보다 응분의 약탈자를 빠르게 색출하여 추방하고 처단한다. 이때 분노는 타자를 제거한다고 자신의 문제가 해결되지 않는다는 것을 알면서도, 그것 이외의 방법을 찾을 힘을 남겨 두지 않는다. 분노는 타자의 파괴를 넘어 소진과 자기기만으로 이어진다. 내가 잘 살고 싶다는 마음을 특정한 이들에 대한 분노로 바꾸거나, 잘 살 수 있는 조건을 이미 갖춘 이들은 빠르게 일관성을 취득할 수 있다. 익숙하게 폭력적인 세계에서 자신의 욕망을 빠르게 정당화할 때, 이미 곳곳에 존재하며 계속해서 창발하고 있는 함께 살아갈 만한 세계들은 파괴되기 시작한다. 아름다운 일관성뿐 아니라 악한 일관성도 있다.

모순을 직면하면서도 어떻게든 더 나아지려는 진정성에서 비롯되는 것은 나와 소중한 이들을 지키고 함께 삶을 기획하고 영위할 수 있는 세계를 향한 열망이며, 그 세계를 가로막는 현재에 대한 분노다. 이것은 무엇보다도 기존의 세계를 부수는 파괴적 분노가 아니라, 새로운 세계를 짓는 창조적 분노다. 나는 이 분노가 여전히 세계를 바꿀 수 있고, 나 또한 더 나은 인간으로 거듭날 수 있다는 굳은 믿음 위에서만 가능하다는 점에 주목하고 싶다. 더 나은 삶과 세계를 가로막는 것이 무엇이든 포기하지 않겠다는 결의. 자기와 타자와 세계 사이의 불일치를 마주하고, 나의 이중성을 차분히 직면하고 견디며 우리가 함께 살아가기 위해 필요한 세계를 가까이서부터 찬찬히 짓는 일.

극도의 배신감과 분노를 자아내는 역겨운 이중성이 있는 한편, 더 나은 세계와 삶을 만들기 위해 창조적 분노를 이끌어내는 선한 이중성도 있다. 선한 이중성에는 변화에의 강한 열망과 믿음이 있다. 약한 이부터 죽어가는 지독한 혐오와 냉소의 시대에 인간도 세계도 변할 수 있다는 순진하고 절박한 믿음을, 진실된 분노를 어떻게 회복할 수 있을 것인가?

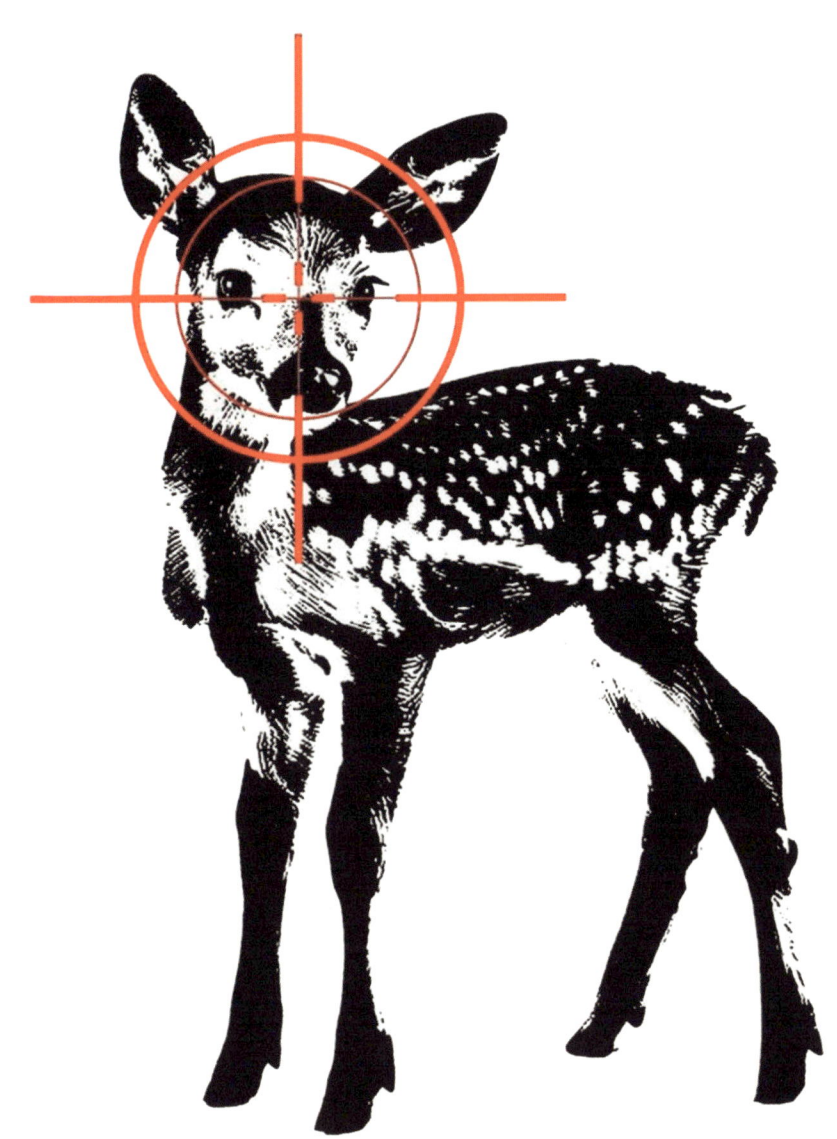

화가 치밀 때, 세네카는 도움이 될까?

마시모 피글리우치 Massimo Pigliucci
뉴욕시립대학교 K.D. 이라니 철학 교수이다.
*How to Be a Stoic*과 *Beyond Stoicism*등의 저서를 집필했다.

분노에 대해 고민 중이라면, 한 권만 읽어도 충분하다. 그 책은 스토아 철학자 루키우스 아네우스 세네카의 『분노에 대하여』다. 미국심리학회(APA)의 분노 관리 웹페이지도 결국 오늘날 연구를 바탕으로 결국 세네카가 이미 지적한 핵심을 되풀이하는 수준에 머문다. 무엇보다 세네카는 그 내용을 훨씬 더 생생하고 흥미롭게 풀어낸다.

고대에도 익숙했던 감정, 분노

분노는 고대 사회에서도 잘 알려진 문제였으며, 다양한 철학 학파의 관심을 받았다. 예를 들어, 스토아학파의 솔리 출신 크리시포스, 에피쿠로스학파의 가다라 출신 필로데모스, 회의론자 마르쿠스 툴리우스 키케로, 그리고 플라톤학파의 카에로네이아 출신 플루타르코스 등이 분노에 관한 글을 남겼다. 스토아학파에게 분노는 '열정'(pathos)의 주요 예시였다. 오늘날 우리는 이 단어를 긍정적인 의미로 사용하지만(예: "나는 재즈에 대한 열정이 있다"), pathos가 병리학(pathology)의 어근임을 고려할 때, 원래는 바람직하지 않은 상태를 의미했다. 실제로 열정은 스토아학파가 '좋은 감정'(eupatheiai)이라고 부른 것과 대립되었다. 일반적으로 좋은 삶이란 가능한 한 pathê를 피하고 eupatheiai를 적극적으로 기르는 데서 비롯된다는 것이었다.

구분 기준은 단순하다. 이성에 거스르면 pathê, 이성에 부합하면 eupatheiai다. 분노가 pathê인 이유는 우리가 분노할 때 성급해지고 이성적 판단을 듣지 않기 쉬워서다. 반대로 배우자나 자녀에 대한 적절한 애정은 이성과 조화를 이루므로 eupatheiai에 속한다. 세네카는 분노를 "부당한 해를 입었다고 느낄 때 생기는, 복수를 바라는 강한 욕망"으로 정의한다. 그러나 스토아주의자에게 복수는 이성적 해결이 아니다. 그것은 정의의 방식이 아니며, 불공정한 상황을 바로잡는 더 합리적 방법들이 존재한다. 더구나 우리의 지각이 틀렸을 가능성도 있다. 실제로는 해를 입지 않았거나, 불공정한 대우가 아니었을 수도 있다는 점을 먼저 검토해야 한다.

분노의 세 단계

세네카에 따르면 (현대 인지과학도 마찬가지이다) 분노에는 세 단계가 있다. 첫번째는 의도하지 않은 반응으로, 얼굴이 붉어지거나 차가운 물이 피부에 닿았을 때 떨리는 것과 같다. 이것을 통제할 수는 없으며, 시도해서도 안 된다. 우리는 이 분노의 움직임을 투쟁–도주 반응에 의해 유발되는 생리적 반응으로 설명할 수 있다. 이는 아드레날린이 급격하게 분비되어 무언가 잘못되었고 주의를 기울여야 하며, 필요시 행동을 취해야 한다는 신호이다.

그러나 두 번째 움직임에는 인지적 요소가 포함된다. 생리적 반응을 감지한 후, 우리는 그 주변에 이야기를 구성하기 시작한다. 왜 화가 났는지 이유를 부여하고, 어떻게 대응할지 계획을 세운다. 예를 들어 "나는 모욕을 받았기 때문에 화가 났다. 모욕은 상처다. 강하게 대응해야 한다!" 이 순간 우리는 반응에 동의하거나 거부하는 결정을 내려 잠재적으로 폭력적인 행동과 후회할 결과로 이어질 수 있는 길에서 벗어나기 위해 잠시 시간을 가진다.

세 번째 단계는 본격적인 분노다. 이때는 이성이 완전히 무너져 분노를 어떤 식으로든 표출하며 감정에 굴복한다. 이런 상태에 이르면 우리가 바랄 수 있는 것은 큰 피해를 피하고 나중에 상황을 수습할 기회를 얻는 정도뿐이다.

세네카의 실천적 처방

그렇다면 분노를 어떻게 다루어야 할까? 세네카가 분노를 예방하기 위해 제시한 다음과 같은 제안들은, 시카고 대학교 출판사판 『분노에 대하여』의 서문에서 번역자 로버트 캐스터가 정리한 것이다.

1. 분노를 일으키기 쉬운 사람, 활동, 상황을 가능한 피하세요.
2. 타인의 의도를 평가할 때 최대한 공정하고 정확하게 보려 하세요.
3. 가능하다면 타인의 실수를 용서할 수 있는 이유를 먼저 찾아보세요.
4. 자신의 판단과 행동을 합리적으로 평가하세요. 잘못은 나에게 있을 수도 있습니다.
5. 유머 감각을 잃지 말고 차분하고 객관적인 관점에서 사안을 보세요.
6. 분노가 초래할 비용을 미리 떠올려 보세요.
7. 당신을 해친 사람도 자신의 잘못 때문에 양심의 가책을 겪고 있음을 기억하세요.
8. 타인에게 해를 끼치는 일은 인간의 협력적 본성에 어긋난다는 점을 기억하세요.

세네카는 또한 우리 주변에 편안한 환경을 조성하라고 조언한다. 예를 들어, 방을 편안하게 하는 색상으로 장식하거나 음악을 듣는 것이 좋다. 그는 합리적이고 사회적 행동을 하는 능력을 방해하기 때문에 피곤하거나 배가 고프거나 아플 때 중요한 논의를 하지 말라고 말한다.

그럼에도 분노의 한복판에 있다면, 우선 급한 악화부터 막는 것이 최선이다. 깊게 숨을 들이쉬고, 100까지 세고, 필요하다면 간단히 양해를 구한 뒤 잠시 자리를 떠 산책하라. 어떤 방식이든 현재 상황에서 벗어나 시간을 벌고 진정하면, 어리석은 행동을 멈출 수 있다. 평정을 되찾은 뒤에 위의 목록으로 돌아가 사건과 자신의 반응을 비판적으로 점검하자.

스토아학파에 따르면 감정은 우리에게 달려 있다. 감정의 표출은 첫 번째 생리적 반응 이후의 인지적 동의에서 나오기 때문이다. 따라서 우리는 감정에 휩쓸려 있을 때 한 행동에도 도덕적 책임을 진다. 술에 취해 운전하는 행위가 변명이 될 수 없듯, 분노에 사로잡혀 한 행동 역시 변명이 될 수 없다.

* 이 글은 *Philosophy Now*와의 협약을 통해 공동 게재하였습니다.
(https://philosophynow.org/issues/165/Seneca_On_Anger)

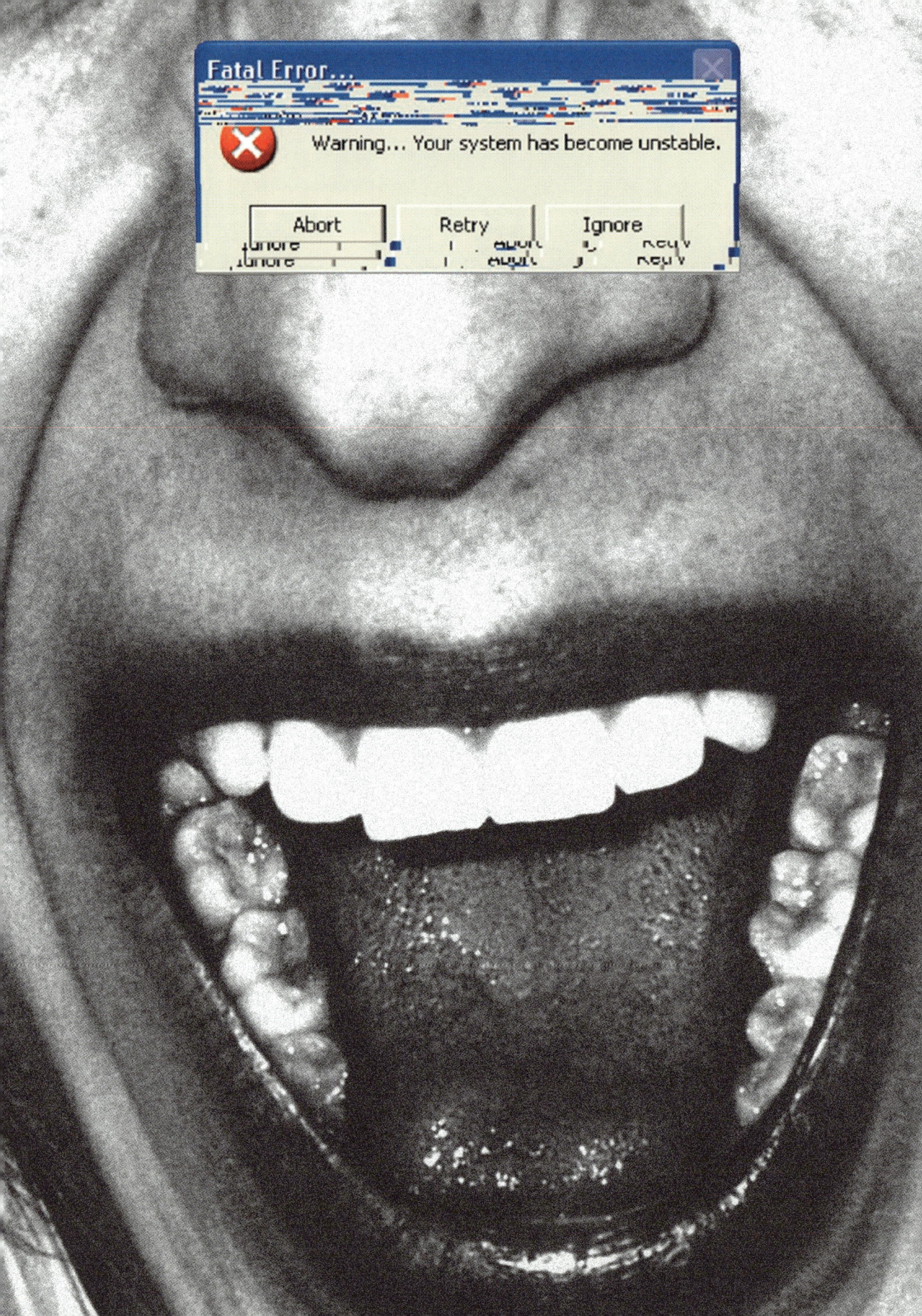

정의를 위한 망설임

허우성

경희대학교 철학과 명예교수이며, 비폭력연구소 소장으로 활동하고 있다.
또한 『불교평론』, 『철학과현실』, 『불교문화』의 편집위원으로 참여하고 있다.

정의로운 분노는 가능한가? 이는 쉬운 물음이 아니며 시대를 넘어선 주제다. 오늘날 가정이나 공동체에서 '정의로운 분노'가 표출된다면, 그 터전은 이미 무너진 것이나 다름없다. 이러한 분노는 종종 살인과 같은 파괴적 폭력으로 이어지므로, '정의로운 분노'를 말하려면 역사적 사건들을 살펴보는 것이 적절하다.

이순신의 분노, 정의의 불꽃

정의로운 분노를 말할 때, 가장 먼저 떠오르는 인물은 이순신 장군이다. 『난중 일기』에서 그는 왜적의 침략으로 백성이 고통받는 현실에 노(怒), 분(憤), 통분(痛憤)을 자주 기록했으며, 고립되고 열세한 군사 형편[兵勢孤弱·병세고약]에 대해서는 울분을 토로했다. 이러한 감정은 분명 정의로운 분노였다. 왜적 삼백 명을 죽였다는 보고를 받은 날에는 "정말 기쁘다"[多喜多喜]고 썼지만, 깊은 슬픔에 젖기도 했다. 정유년(1597년) 10월 14일 일기에서 장군은 셋째 아들 면(葂)이 왜군과 싸우다가 전사했다는 집안의 편지를 받고서 "하늘이 불인(不仁)하시다"며, 목 놓아 통곡했다(失聲痛哭痛哭)고 기록했다. 나라를 위해 자신과 가족의 희생을 감당하면서도 조류의 흐름까지 냉정하게 계산해 승리를 거둔 이순신, 그는 결국 성웅으로 기억된다. 그의 분노는 정의로웠고, 그의 전투는 정당했다.

사명당 유정의 두 분신

임진왜란에 참전했던 사명당 유정은 정의로운 분노에 대해 양가적인 태도를 보였다. 먼저 의승도총섭으로서 승병을 이끌고 왜적과 전투할 때 그가 느낀 감정은 분명 정의로운 분노라고 할 수 있다. 그가 51세 되던 해, 선조 25년(1594) 9월에 올린 상소문에는 이렇게 적혀있다.

"독사와 전갈과 같은 무리들이 큰 나라(大邦)를 함부로 해쳐서 백성은 짓밟혀 어육(魚肉)이 되었습니다. (...) 더욱이 임금이 난리를 피해 서울을 떠나시게 되었습니다. 혈기 있는 자라면 어찌 팔뚝을 걷어 올리지 않겠습니까.(범유혈기 막불액완·凡有血氣 莫不扼腕) 제가 비록 승려이지만 적 하나라도 베어(殺＿敵) 성상(聖上)의 크신 은혜에 보답하고자 합니다." _『사명당대사집』

　왜적을 독사와 전갈에 빗대며 팔뚝을 걷어 올린 그 순간, 사명당은 정의로운 분노를 느꼈을 것이다.

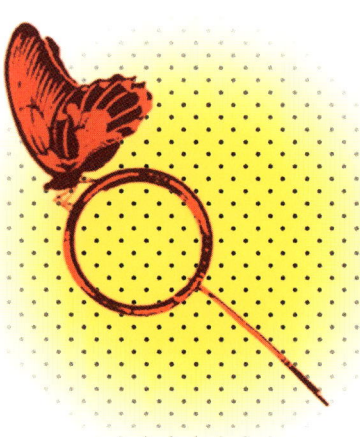

하지만 수년 뒤 동지사(冬至使) 외교사절로 일본에 건너가 포로 송환과 화평 교섭의 임무를 맡았을 때, 그는 화평의 중재자가 되었다. 정의로운 분노는 이제 과거로 물러났다.

불교에는 불·보살이 중생의 필요에 따라 여러 몸을 드러낸다고 본다. 본신(本身또는 실신·實身)이 분신(分身)이 된다는 말이다. 사명당의 경우, 의승으로서의 분신 1과 외교사절로서의 분신 2가 특히 중요하다. 그는 외교사절로 가던 즈음에 지은시에서 이렇게 묻는다. "백억의 분신을 누가 거짓이라 하겠는가(分身百億誰云妄)." 이에 따르면 두 분신 모두 진짜다.

그런데 또 다른 시에서는 전쟁에 나선 자신을 부끄러워한다. "석장 날리며 병사를 말한 잘못도 애당초 부끄럽도다(飛錫初羞誤說兵)"라는 구절이 그 예다. 승려로서 지팡이를 휘두르며 병사(兵事)를 말한 것, 그것이 수치였다. 분신 1에 대한 이 수치심을 본다면, 이순신은 아마 실망했을 것이다.

안중근의 저격과 간디의 비폭력
이제 안중근 의사의 분노이다. 『안응칠 역사(安應七歷史)』에서 안중근은 이토 히로부미를 저격하던 순간, "분기가 갑자기 일어나고 3천 길 업화가 뇌리에서 치솟았다(분기돌기천장업화뇌리충출야·忿氣突起千丈業火腦裏衝出也)"고 회고했다. 업화는 불교에서 불같이 치솟는 분노를 뜻한다. 분노가 3천 길에 달했다 하니, 이토를 쏜 행위는 극도의 분노에서 나왔다고 할 수 있다. 1909년 10월 26일 안중근이 방아쇠를 당긴 이유는 두 가지였다. 무력으로써 조선의 독립을 빼앗은 죄 그리고 동양 평화를 파괴한 죄였다. 이런 맥락에서 그의 분노는 단순한 증오가 아니라 정의로운 분노였다.

그런데 마하트마 간디는 이 사건을 비폭력의 관점에서 바라본다. 1909년 영국 런던을 방문하던 중, 그는 이토 히로부미가 '한 한국인'에게 암살당했다는 소식을 접하고, '용감한 일본병사'라는 짧은 논평을 남겼다. 용감한 일본병사는 이토이고, 그 한국인은 안중근 의사였다. 간디는 두 사람 모두를 비판했다. 이토는 이웃 약소국을 침략했고, 안중근은 이토를 죽였기에, 둘 다 비폭력(아힘사) 즉 사랑의 원리를버렸다는 것이다. 이토는 용감했지만, "한국을 예속시킨 것은 그가 용기를 나쁜 목적에 사용한 것이다." 간디는 논평 끝에서 이렇게 말했다. "인민의 참된 복지를 심정에서 생각하는 자라면 오직 사탸그라하(眞理把持)의 길을 따라서 인민을 인도해야 한다." 여기서 간디는 살인으로 이어지는 정의로운 분노에 분명 반대하고 있다.

안 의사의 행위에 대한 한국가톨릭 교단의 평가는 시대에 따라 달라졌다. 당시 조선천주교 책임자였던 프랑스인 뮈텔 대주교는 이토 히로부미 암살을

단죄하며 안 의사를 살인자로 규정했다. 그러나 84년 뒤인 1993년, 김수환 추기경은 추모 미사 강론에서 다른 목소리를 냈다. "안 의사가 독립전쟁 과정에서 이토를 살해한 것은 안 의사의 나라사랑이자 그리스도 신앙에 위배되지 않는 정당방위였다"하고, "안 의사의 신앙과 의거는 전혀 모순되지 않는다"고 평가했다.

만약 김 추기경이 간디에게 "당신은 비폭력에만 매달리느라 한 민족의 독립 열망을 제대로 이해하지 못했군요"라고 말했다면, 간디는 아마 이렇게 응수했을 것이다. "추기경께서는 예수의 십자가 높이를 낮추셨군요."

아리스토텔레스의 호모 이라쿤두스 (homo iracundus, 분노하는 인간)

아리스토텔레스는 분노를 인간의 기본 감정 중에 하나로 인정하며, 인간을 '분노하는 존재' 곧 호모 이라쿤두스로 보았을 것이다. 그는 이렇게 말했다.

"마땅히 화(오르게·ὀργή)를 낼 만한 일에 대해 마땅히 화를 낼 만한 사람에게 화를 내는 사람은, 더 나아가 마땅한 방식으로 마땅한 때, 마땅한 시간 동안 화를 내는 사람은 칭찬을 받는다." _『니코마코스 윤리학』

아리스토텔레스는 화를 전혀 내지 못하는 사람을 어리석고 고통조차 알지 못하며, 자신을 방어할 줄도 모르고, 모욕을 당하고도 무시하는 노예적 인간으로 보았다. 반면, 올바르게 화내는 사람은 마땅한 일, 대상, 방식, 때, 지속 시간이라는 다섯 가지 기준을 지켜야 한다. 그렇게 할 때 분노는 이성의 요구를 따르는 감정이 되며, 그 사람은 '중용의 성격'을 지킨 자로 칭송받는다. 아리스토텔레스는 분노의 다섯 기준을 충족시킨 인물을 직접 언급했을까? 그런데 이순신이 왜적을 처단한 행위는 이성의 요구에 따른 것일까?

달라이 라마의 "우리 함께"

제14대 달라이 라마는 분노를 쉽게 인정하지 않는다. 티베트 현대사의 비극 앞에서도 그러했다. 1950년 10월, 중국이 한국전쟁에 개입하던 무렵 8만의 인민해방군이 티베트 동부를 침공했다. 그 이후 감옥 수용, 전투, 기아로 120만 명이 죽었다고 달라이 라마는 말한다. 이는 전체 인구의 5분의 1에 해당했다. 일본의 조선 탄압보다 훨씬 무자비한 일이었다. 그런데도 그는 중국 지도부에 분노하기보다 함께 할 일을 찾자고 했다. 노벨평화상 수락연설에서도 같은 태도를 보였다. 그는 침략자 중국에 대한 분노나 원한, 무장봉기를 선동하는 대신, "저는 우리 모두를 위해, 압제자와 친구 모두를 위해, 우리 함께 인간적인 이해와 사랑을 통해 더 나은 세계를 건설하는 데 성공"할 수 있기를 기도한다는 취지로 말했다. 달라이 라마가 "우리 함께"라고 말하는 것은 그의 자비심 때문일까, 아니면 무력으로는 중공군을 막을 수 없다는 냉정한 판단 때문일까?

달라이 라마는 「전쟁의 현실」에서 전쟁 자체와 대규모 군사시설, 군국주의, 핵 전쟁에는 분명히 반대한다. 하지만 그는 정당한 전쟁은 옹호한다. 제2차 세계대전은 나치 독일의 폭압으로부터 문명을 구했으니 정당했고, 한국전쟁은 부당한 침략에 맞서 싸우며 민주주의 발전의 계기를 마련했으니 정당한 전쟁이었다는 것이다.

6·25 전쟁 당시 이승만 대통령도 침략군을 "우리의 원수"라 불렀다. 그 말 속에 깊은 적개심이 드러난다. 장군들 역시 처음에는 충격과 당혹, 나중에는 동족에 대한 배신감과 분노가 뒤따랐다고 한다. 이러한 분노는 '정의로운 분노'였을 가능성이 크다.

망설이면서 분노하라
감정연구 심리학자인 폴 에크만이 달라이 라마에게 물었다. "누군가 우리의 생명이나 타인의 생명을 위협할 때, 다른 방법이 없다면, 분노에 차 그를 해치는 행위는 정당한가?" 이에 달라이 라마는 잠시 망설인 뒤 동의했다.

결국 달라이 라마조차 정의로운 분노의 가능성을 인정한 셈이다. 하지만 우리의 일상에서 갈등이 생명을 직접 위협하는 경우는 드물다. 그렇다면 우리는 '이 분노가 옳다, 정의롭다' 단정하기 전에 깊이 성찰하고 망설여야 한다. '국민의 공분'을 자극하는 정치가는 더욱 위험하다. 우리는 '정의로운 분노'를 내세우기보다, 인내와 용서, 평화를 지켜야 한다. 그래야 나라와 세계의 평화에 한 걸음 더 다가갈 수 있다.

희생양 만들기, 멈출 수 있을까

이종원

기독교윤리학자로서 현재 계명대학교 교수(교목)로 재직하고 있다.
『기독교윤리로 보는 현대사회』, 『기독교 생명윤리』, 『희생양과 호모 사케르』 등 여러 저술과 공저가 있다.

폭력은 지표면 아래 깊은 용암처럼 인간 본성에 숨어 있다가, 분노에 사로잡혀 분출되면 걷잡을 수 없게 된다. 폭력은 이성과 합리성을 마비시키고 사람들을 소용돌이 속으로 몰아넣는다. 한 번 터진 폭력은 악순환을 일으켜 상대에게 심대한 피해를 주고, 결국에는 가해자 자신까지 파멸로 이끈다. 갈등을 증폭시키고 공동체를 붕괴시키는 점에서 폭력은 가장 파괴적인 위협이다.

폭력을 예방하는 데는 다양한 안전장치들이 있다. 갈등이나 분쟁을 조정하는 사법제도가 있으며, 대화와 타협이라는 합리적인 방안도 있다. 그럼에도 조직적인 왕따와 같은 학교 폭력, 인신공격성의 악성루머, 협박이나 가혹행위, 슈퍼 갑질을 동반한 다양한 형태의 폭력은 사라지지 않고 사회문제가 되고 있다.

폭력은 고대로부터 현시대에 이르기까지 문화에 깊이 뿌리 내리고 있다. 인류의 문화는 폭력에 기초해서 세워졌고, 폭력으로 지탱해 왔다고 해도 과언이 아니다. 볼프강 조프스키의 『폭력사회』에 따르면, 폭력이 문화적인 연속성을 획득하게 된 연유는 자연적인 충동의 힘 때문이 아니라 인간 특유의 잠재력 때문이라고 보았다. 즉 인간은 폭력을 스스로 만들어내는 문화적 존재이기 때문에 자신의 파괴력을 무궁무진하게 강화해 왔다는 것이다.

희생양 만들기 메커니즘

전염병이나 지진, 혹은 혁명이 휩쓸고 지나가면 사회는 무차별적인 혼란에 빠지게 된다. 폭력은 마치 전염병처럼 퍼져나가 공동체의 구성원 모두를 감염시키고 만인의 만인에 대한 투쟁과 폭력을 발생시킨다. 공동체가 이러한 혼란과 파멸에서 벗어나기 위해 동원하는 것이 희생양 메커니즘이다. 희생양 메커니즘은 공동체가 내부적인 갈등과 분열로 위기에 처하게 되었을 때 그 위기의 책임자로 한 사람이나 소수 집단을 지목하여 폭력을 그에게로 집중시킴으로써 공동체 내부의 긴장과 갈등을 해결하는 방식이다. 희생양을 만들어 만인의 만인에 대한 폭력을 한 사람이나 소수에 대한 만인의 폭력으로 바꿔놓는 것이다. 이는 모방적인 상호 폭력으로 인하여 공동체가 무너지는 것을 방지하고자 인류가 만들어낸 일종의 방책이다.

네로 황제 시대에 로마에 대화재가 발생하자, 수많은 생명과 재산을 잃은 로마 시민들은 분노하여 폭도로 변하였다. 당황한 네로는 로마 시민들의 분노를 해소할 방안으로 희생양을 찾았고, 이 와중에 아무런 죄가 없는 기독교인들이 희생양이 되었다. 중세 유럽에서 페스트가 창궐하자 유대인들은 당시 사람들의 분노를 잠재울 희생양이 되었다. 사람들은 비이성적인 근거로 유대인들에 대한 무차별적인 박해와 폭력을 통해 자신들의 분노를 해소하였다. 1923년 일본에서 관동대지진이 발생했을 때, 재일 조선인들이 무고한 희생양이 되어 잔인하게 학살을 당했다. 일본인들은 조작된 유언비어를 근거로 지진과는 아무런 상관이 없는 조선인들을 희생양으로 삼아 자신들의 분노와 적개심을 해결하였다.

모방의 욕망, 폭력의 순환

르네 지라르는 인류 문화의 기원, 특히 그 속에 숨겨져 있는 폭력의 문제를 밝히기 위해 전 세계의 신화와 제의, 예술 작품들을 심층적으로 분석하였다. 그는 모방적 욕망과 희생양 메커니즘, 짝패, 르상티망 등의 개념을 통해 원시 사회에서부터 현대에 이르기까지 만연해 있는 폭력의 문제를 파헤치면서, 인간 사회의 갈등과 폭력의 문제를 풀어내는 코드는 바로 모방 욕망과 이로 인해 생겨나는 질투와 증오의 감정이 반복, 재생되는 갈등 관계라고 보았다.

지라르에 따르면, 원시사회는 폭력을 막기 위해 다양한 금기를 만들었는데, 겉보기에는 쌍둥이, 거울, 모방 행위 따위의 것들이지만, 바로 이것들이야말로 모방과 폭력이 같은 데서 유래했음을 입증한다고 하였다. 타인의 욕망을 따라 하다 보면 경쟁과 질투가 증폭되고, 결국 폭력이 촉발되기 쉽기 때문이다. 그래서 공동체는 '비슷해지는 것'을 경계하는 금기를 통해 모방의 확산을 제어하고, 이미 발생한 집단적 긴장은 제의로 흡수·해소했다. 즉 문화는 금기와 제의라는 짝패에서 나왔다는 것이다. 그의 분석에 의하면, 문화는 두 개의 원칙을 갖고 있는데, 하나는 "모방적 경쟁"이고 또 다른 하나는 "대리적 희생 메커니즘"이다. 인간이 공동체 안에 뒤엉켜 살다 보면 다양한 긴장과 갈등이 생겨나는데, 이러한 긴장과 갈등이 해소되지 않으면 더 큰 갈등과 폭력으로 분출하게 된다. 이때 폭력으로 드러나는 메커니즘이 희생양 메커니즘이다.

인류는 오래 전부터 이러한 메커니즘을 통해 내부폭력을 통제해왔다. 복수의 가능성이 전혀 없는 무력한 자들이 희생양으로 선택되어 집단 전체로 향하는 폭력을 해소하는 역할을 하였다. 한 사람이나 소수 집단의 희생적인 죽음으로 공동체의 갈등과 분쟁은 해소되고, 공동체의 연대성이 다시 강화된다.

희생양의 죽음은 두 가지 결과를 가져온다. 첫째, 희생양의 죽음으로 사람들의 폭력 욕구가 충족되면서 공동체의 내적 갈등은 해소되고 연대의식이 강화된다. 둘째, 희생양의 죽음으로 공동체에 구원과 평화가 회복되는 것을 보면서 희생양에게 감사와 동시에 경외감을 느끼게 된다. 그런데 이러한 감정적 전이는 집단 최면으로 전개된다. 집단의 분노와 공격성은 철저히 맹목적이기 때문에 사람들은 집단적 폭력의 전이가 희생양의 신성화를 가져왔다는 것을 깨닫지도 못한다. 이러한 희생양 메커니즘은 모든 신화와 종교, 그리고 문화 속에서 발견되며, 현 시대까지 계속 이어지고 있다.

폭력의 고리를 끊기

희생양을 만드는 폭력의 메커니즘에 빠지면, 그 구도는 쉽게 벗어나기 어렵고 곧 복수와 보복의 악순환으로 치닫는다. 결국 폭력으로 폭력을 해결하려는 시도는 문제를 해소하지 못하고 오히려 더 큰 파괴와 연쇄적 피해만을 낳을 뿐이다. 따라서 폭력은 결코 폭력의 해법이 될 수 없다. 지라르는 『나는 사탄이 번개처럼 떨어지는 것을 본다』에서 희생양 메커니즘의 작동 원리인 '거짓'과 박해자들의 '무지'에 대하여 논하면서 사탄의 존재를 철저하게 폭력과 일치시켰다. 그는 모방에서 시작하여 개인 간의 갈등을 거쳐 희생양에 대한 집단적 폭력에 이르는 과정 자체를 '사탄'이라고 보았다. 따라서 우리는 폭력의 메커니즘을 조장하는 사탄의 전략을 분석하여 해체하여 이를 정당화하는 문화적 상징과 그 속에 깃든 폭력의 문제를 그 근원에서 파헤쳐 극복할 필요가 있다.

진정한 폭력의 해결책은 자발적 희생을 통한 구원이다. 지라르는 이를 예수 그리스도의 십자가 죽음에서 발견할 수 있다고 하였다. 예수의 십자가 죽음은 인간 사회에 만연해 있는 폭력을 노출시킴과 동시에 폭력을 극복하는 하나의 역사적 사건이었다. 예수는 무력이 아니라 십자가를 통한 자기희생을 통해 폭력을 극복할 수있음을 보여주었다. 그는 자발적인 자기희생을 통해 집단적인 악행을 홀로 짊어지고 비폭력적이며 용서하는 사랑을 통해 사람들을 변화시켰다. 예수의 삶 전체는 철저히 비폭력을 견지하면서 자기희생적인 죽음을 통해 폭력을 극복하는 새로운 길을 보여준 것이다.

예수의 희생적인 죽음은 인간의 폭력성을 노출하여 해체시킨 사건이며, 부활은 폭력에 대한 승리를 확증하는 사건이었다. 악에 대해 악으로 저항하지 말고 선으로 악을 이기라는 예수의 가르침은 폭력의 소용돌이에서 벗어나는 길을 보여주었다. 성서에서 제시하는 하나님의 무한한 용서와 조건 없는 사랑은 폭력의 메커니즘에 대한 효과적인 대안이며, 우리를 파괴적인 폭력의 악순환에서 벗어나도록 이끈다. 따라서 우리는 예수가 보여준 비폭력 평화의 길을 본받아 실천할 필요가 있다. 우리 주변에서 종종 발견되는 분노와 적개심이 폭력으로 분출하지 않도록, 지구촌 곳곳에서 계속되는 테러와 전쟁이 속히 끝나고 평화가 정착될 수 있도록 진정한 평화와 화해의 길을 보여준 예수 그리스도의 비폭력 정신을 생각하고 적극 실천하기 위해 힘써야 할 것이다.

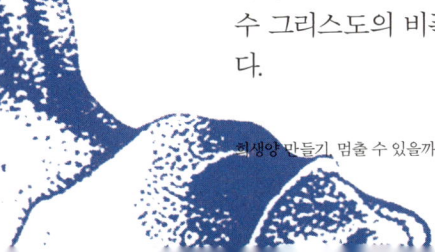

분노에 관한 용어들 .txt

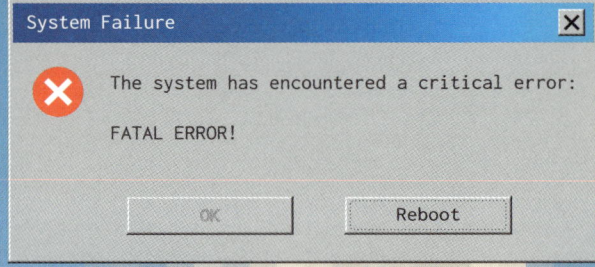

System Failure

The system has encountered a critical error:

FATAL ERROR!

OK   Reboot

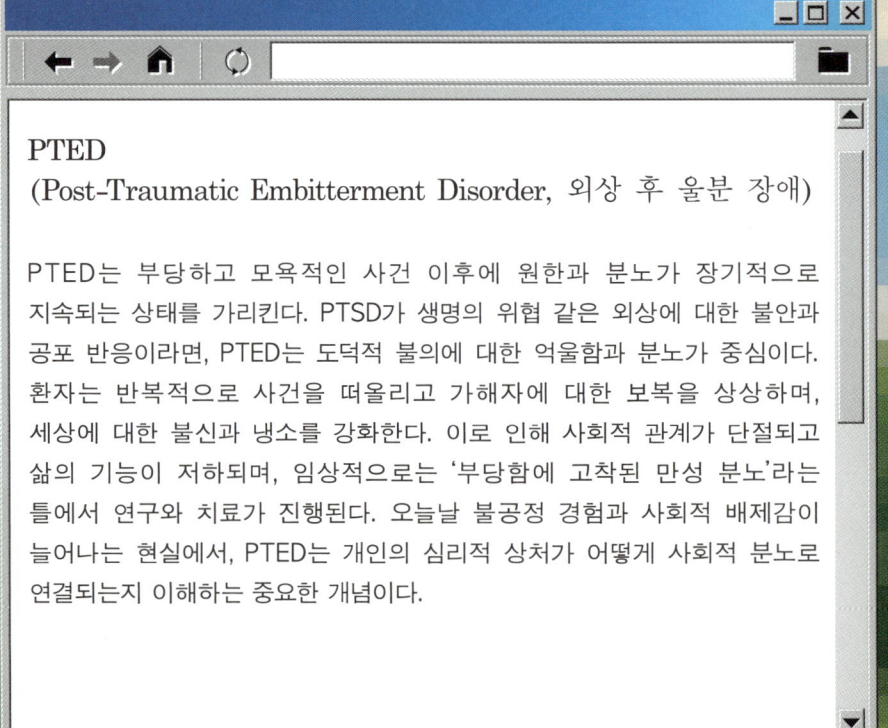

PTED
(Post-Traumatic Embitterment Disorder, 외상 후 울분 장애)

PTED는 부당하고 모욕적인 사건 이후에 원한과 분노가 장기적으로 지속되는 상태를 가리킨다. PTSD가 생명의 위협 같은 외상에 대한 불안과 공포 반응이라면, PTED는 도덕적 불의에 대한 억울함과 분노가 중심이다. 환자는 반복적으로 사건을 떠올리고 가해자에 대한 보복을 상상하며, 세상에 대한 불신과 냉소를 강화한다. 이로 인해 사회적 관계가 단절되고 삶의 기능이 저하되며, 임상적으로는 '부당함에 고착된 만성 분노'라는 틀에서 연구와 치료가 진행된다. 오늘날 불공정 경험과 사회적 배제감이 늘어나는 현실에서, PTED는 개인의 심리적 상처가 어떻게 사회적 분노로 연결되는지 이해하는 중요한 개념이다.

Begin   System   Internet

Oops!

Error again.

[OK]   [More...]

Oops!

E

[OK]   [More...]

Anger Rumination (분노 반추)

분노 반추는 화를 유발한 사건을 계속 되새기며 감정을 확대하는 인지 습관을 의미한다. '왜 그랬을까'라는 질문에 집착하거나 사건을 머릿속에서 재연하고 보복을 상상하는 방식으로 나타난다. 이런 과정은 분노를 끊임없이 재점화시키고 교감신경계 각성을 오래 유지하게 만든다. 결과적으로 공격성, 우울, 불안, 대인 갈등이 심화되며, 마음챙김이나 주의 전환 같은 인지적 개입이 분노 반추를 줄이는 방법으로 활용된다. SNS와 온라인 환경에서 과거의 불공정 경험을 끊임없이 되새기며 재확인하는 현상과 연결되어, 오늘날 분노의 지속성을 설명하는 핵심 개념으로 주목 된다.결되는지 이해하는 중요한 개념이다.

System Message

IED (Intermittent Explosive Disorder, 간헐적 폭발성 장애)

IED는 사소한 자극에도 불균형적으로 격렬한 분노 폭발이 반복되는 장애다. 폭발은 충동적으로 일어나며 계획적이지 않고, 사건이 끝나면 비교적 정상 상태로 돌아온다. 그러나 이러한 반복은 사회적·직업적 기능을 손상시키고, 청소년기나 초기 성인기에 흔히 나타난다. 술이나 약물에 의존하는 행동, 우울, 불안과 함께 나타나는 경우가 많으며, 치료는 인지행동치료와 대인기술 훈련, 필요 시 약물치료를 병행한다. 학교 폭력, 데이트 폭력, 충동적 범죄와 같은 사회 문제와 직접적으로 연결되기 때문에, IED는 현대 사회에서 분노 조절의 실패를 이해하는 데 필수적인 용어다.

[OK]   [Cancel]

10:15 AM

Error

Criri

Error

Crirical error #123567AB21200

OK

Error

Crirical error #123567AB21200

OK

Save as: 🖥 Desktop   📁 ⚙ ⭐ ℹ

_ □ ✕

Moral Outrage (도덕적 분노)

도덕적 분노는 개인적 피해가 아니라 타인에게 가해진 부당함과 규범 위반을 목격했을 때 생겨나는 감정이다. 공감과 집단 정체성이 활성화되며 시위나 캠페인 같은 집단 행동으로 이어지기도 한다. 그러나 온라인에서는 신호 보내기나 집단적 낙인으로 전환되어 양극화를 심화시킬 위험이 있다. 규범 회복과 제도 개선으로 이어질 때 생산적 기능을 발휘하지만, 단순한 응징의 감정으로 소진될 경우 파괴적 양상을 띨 수 있다. 오늘날 정의와 불공정에 대한 사회적 민감성이 높아진 상황에서, 도덕적 분노는 집단적 연대와 사회 변화를 촉발하는 동시에 갈등을 심화시킬 수 있는 양날의 감정으로 중요하게 다뤄진다.

File name: clickme.bat   Save

File of type: All files (*.*)   ▼   Cancel

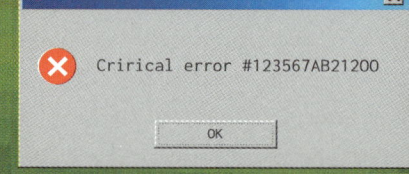

Error   ✕

Crirical error #123567AB21200

OK

Begin   📁 🌐 🎵   🖥 System   🌐 Internet

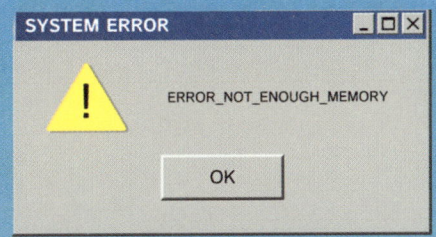

SYSTEM ERROR

! ERROR_NOT_ENOUGH_MEMORY

OK

Administrator: Command Prompt

C:\

Affective Injustice (감정적 불의)

Attention!

감정적 불의는 개인이나 집단이 자신의 정당한 감정이나 감정적 경험을 사회적으로 인정을 받지 못하고 왜곡되거나 억압당하는 현상으로 정의되며, 이는 정서적 권리, 즉 감정을 느끼고 표현하며 타인으로부터 정당하게 인정받을 권리가 부당하게 박탈될 때 발생한다. 이런 불의는 특히 감정적 반응(분노, 슬픔 등)이 특정 집단이나 상황에서 사회적으로 금지되거나 무시되는 경우에 두드러지며, 감정적 건강, 주체성, 자존감에 해악을 남긴다. 법, 제도, 문화적 환경이 감정적 권리를 충분히 보장하지 않을 때 감정적 불의가 나타나며, 이는 정신적 소외, 착취, 또는 불균형한 감정 노동 등으로 구체화된다. 오늘날 정치적·사회적 분노가 단순히 과잉 감정으로 치부되기 쉬운 상황에서, 감정적 불의 개념은 왜 어떤 감정이 공적 공간에서 억압되거나 왜곡되는가를 분석하는 데 중요한 틀을 제공한다.

OK

10:15 AM

앵그리 사회에서
프렌들리 사회로

정인관

숭실대 정보사회학과 교수로 재직중이며 관심분야는 불평등, 사회이동, 정치사회학이다.
동아시아에서 세대 간 사회이동의 경향과 한국민주주의의 현황을 살펴보는 연구를 진행하고 있다.

한국, 헝그리 사회에서 앵그리 사회로

20여 년 전 사회학자 전상인은 한국이 '헝그리 사회'에서 '앵그리 사회'로 변화했음을 지적한 바 있다. 식민지배와 전쟁을 거치며 모든 것이 파괴된 상황에서 '배고픔'은 한국이 넘어서야 할 시급한 과제였다. 흔히 한강의 기적이라 불리는 한국의 성공적 산업화는 더 이상 배고프지 않은 삶을 향한 집합적 열망을 에너지 삼아 가능했다. 1990년대 한국은 경제적 풍요와 민주주의의 공고화를 동시에 경험했으나, 이러한 성공의 결과 그동안 억눌렸던 목소리들이 여기저기서 터져 나오기 시작했다. 여성, 인권, 환경, 반전, 장애인 문제에 있어 서로 다른 입장을 지닌 사람들은 성난 목소리를 주고받았다. 다만 이러한 분노는 '한국사회가 좀 더 나아지기 위해선 무엇을 해야 하는가'에 대한 고민 위에서 나타났고, 사회, 그리고 그 안에서 나와 다른 생각을 지닌 채 살아가는 사람들의 변화에 대한 믿음과 기대, 대화와 타협의 가능성을 열어놨다는 점에서 건설적이고 성찰적이었다.

2000년대 이후 '앵그리 사회'의 모습은 이와 사뭇 다르다. 분노의 목소리는 더욱 커졌으나 그 목소리의 원인과 그것이 지향점은 명확하지 않다. 김수영 시의 한 구절에서처럼 "조그마한 일에만 분개"하는 사람들이 늘어났다. 사람들은 나날이 수많은 문제들에 대해 분노했지만, 그 문제가 해결되기도 전에 분노는 이미 다른 곳을 향했고 사회는 더 나아지지 않았다. 그저 피로감만 높아졌을 뿐이다.

2020년대 한국, 파괴적 분노의 시대

기억은 늘 긍정적으로 윤색되는 것일까? 돌이켜보면 '앵그리 사회' 이야기가 처음 나온 20년 전 한국사회의 모습은 현재와 비교할 때 훨씬 건강했던 것 같다. 오늘날 분노가 유통되는 방식은 매우 파괴적이다. 이는 그 강도가 커졌다는 점만을 지적하는 것이 아니다. 더 심각한 것은 분노가 개인의 내면과 타자라는 외부를 향해 동시에 나타나고 있다는 점이다.

재독 철학자 한병철은 『피로사회』에서 오늘날 개인들이 겪고 있는 만성피로와 우울증과 같은 질병이 '노력하면 무엇이나 이룰 수 있다'는 무한한 가능성을 내세우는 '성과사회'의 특징임을 강조한다. 이런 사회에서 성공하지 못한 것에 대한 책임은 충분한 노력을 기울이지 않은 개인에게 있다. 사람들의 인식에서 대학서열은 더 촘촘해졌고(오늘날 수험생들이 모두 익숙하게 알고 있는, 대학 이름의 첫 글자를 딴 "서연고-서성한-중경외시-건동홍숙-국숭세단-광명상가..."를 보라) 전공 사이의 위계도 어느 때보다 뚜렷해 보인다(의대와 비의대, 문과와 이과의 격차에 대한 사회적 인식을 생각해보라). 서울 안에서도 강남과 강북, 수도권과 비수도권의 집값 차이는 점차 커지고 있다.

오늘날 표준화된 성공의 정도는 정밀한 계산이 가능하다. 이는 실패의 정도도 측정이 가능함을 의미한다. 그렇다면 노력은 온전히 보상받는 것일까? 경제성장의 동력이 큰 사회라면 보다 많은 사람들이 노력에 대한 보상을 기대해 볼 수 있다. 그러나 익히 알려져 있듯 2020년대 한국은 저성장 상태에 놓여 있다. 안으로는 저출생과 고령화가, 바깥으로는 중국의 부상과 미중 패권전쟁 등이 한국경제의 성장을 어둡게 하고 있다. 높은 안정성과 소득을 보장하는 좋은 일자리는 점차 줄어들고 있으며, 이는 비정규직 취업이 일반화된 청년층에서 특히 심각하게 나타난다. 사회학자 김홍중이 지적했듯 저성장시대 한국에서 미래에 대한 이미지는 암보험 광고와 대출 광고로 표상된다. 미래는 더 나은 진보가 아니라 부채와 신체적 고통으로 나타나고 있는 것이다. 이러한 상황은 개인의 노력만으로 성공할 수 있다는 이념과 노력만으론 성공하기 어려운 구조의 모순 사이에 끼어 있는 개인의 처지를 보여준다. 그럼에도 성공사회의 이념은 개인들이 그 결과를 자신만의 책임으로 받아들이게 만든다. 성공과 실패 모두 '내 탓'인 상황에서 실패하는 사람이 더 많을 수밖에 없는 구조는 자신의 상황에 절망하고 자책하는 아픈 개인들을 낳았다. 슬픔을 보듬어줄 공동체는 잘 보이지 않는다. 자신에 대한 실망은 쉽게 스스로에 대한 미움과 자기 파괴적 행위로 이어진다. 우울증 환자의 증가와 높은 자살률은 오늘날 한국의 상황을 요약하는 수치로 널리 알려져 있다.

타자를 향한 분노 또한 점차 극단화되고 있다는 점에서 심각한 우려를 갖게 한다. 정치철학자 누스바움은 분노의 주요 원인으로 두려움에 주목한다. 이질적인 대상에 대한 두려움은 자신을 보호하기 위한 자연스러운 감정이다. 이때 안전하고 풍요로운 환경은 두려움을 약화시킨다. 반대로 자신을 둘러싼 환경을 불안전하고 빈곤하다고 여길 때, 혹은 사회가 점차 그러한 **방향으**로 나아가고 있다고 믿을 때 두려움은 커진다. 만성적인 저성장과 불안정한 일자리의 증가, 사회안전망의 불안정성 증대, 폭증하는 가계부채에 대한 이야기가 매일의 뉴스를 장식하고 있는 상황은 사람들로 하여금 대한민국이 '비상상황'에 놓여있다는 두려움을 갖게 한다. 이때, 이러한 상황이 자신의 사회적 지위하강을 가져올 수 있다는 공포감은 점차 커지며, 이에 대해 책임이 있는 누군가를 밝혀내 비난하려는 욕구가 급증한다. '한국인의 일자리를 뺏는' 외국인, '과도한 복지'의 수혜자, 이들을 '비호'하는 정당과 정치인, 그리고 그들을 지지하는 일반국민들이 모두 분노의 대상이 된다. 서로 다른 성별이, 서로 다른 연령이 적대의 대상이 된다. 물론 이러한 비난은 일방향적이지 않다. 비난의 대상이 되는 집단 역시 상대방을 비난하기 시작하는 것이다. 이러한 비난은 어렵지 않게 분노의 감정을 혐오의 감정으로 전환시킨다. 이때, 혐오의 대상과 공존은 불가능하며 상대방의 존재는 그 자체로 부정의 대상이 된

다. 공존의 대상이 아니기에 대화와 타협은 불필요하다.

정치는 사회갈등을 조율하고 현재와 미래 자원을 배분하는 공적 통로이다. 그러나 서로 다른 정치적 진영이나 정당 지지자들 사이에서 감정적이고 정서적인 거리가 극단적으로 벌어지는 정서적 양극화 현상이 심화되면서 정치는 갈등을 증폭시키는 장이 되어버렸다. 진영과 무관하게 광장에서 울려 퍼지는 외침은 더 이상 상대방이 아닌 자신들만을 향하고 있다. 선거를 통한 정권교체는 민주주의 제도와 상대 진영에 대한 강력한 신뢰를 바탕으로 한다. 민주주의 선거제도는 안정적으로 유지될 것이기에 언제고 다시 선거를 통해 정권을 되찾을 수 있다는 믿음이 그것이다. 정서적 양극화는 이러한 믿음을 위협하고, 약화된 믿음은 정서적 양극화를 강화하는 악순환에 빠진다. 선거 패배가 상대방의 영구적인 승리를 의미하며 자신의 존재를 위협한다고 믿을 때, 한 번의 선거는 생사를 건 전투가 되고, 오늘날 미국과 한국에서 유행하는 '부정선거론'에서 볼 수 있듯 선거불복도 가능한 선택항이 된다.

정리하자면 2020년대의 한국은 지금보다 '헝그리'해질까 두려워하는 개인들의 불안, 공포, 혐오가 일상화된 '앵그리' 사회다. 공동체로 보이는 집합적 현상은 사실상 군중의 일시적 결집에 불과하며, 그런 모습은 적대적 갈등이 증폭된 특정 공간에서만 드러난다. 갈등을 조절해야 할 정치는 갈등의 중심이 되었고, 정치가들은 국민들의 분노를 자극하여 지지층을 결집한다. 레거시 미디어와 소셜 미디어는 분노를 촉발하는 콘텐츠를 만들어 퍼뜨리는 것을 새로운 비즈니스 모델로 삼고 있는 것으로 보인다. 그 결과 분노와 혐오는 이제 시대정신이 되어버렸다. 과거에는 화를 다스리는 법에 대한 책들이 베스트셀러가 되었으나 오늘날엔 자기계발서와 각자의 확증편향을 강화하는 책들이 판매 상위권에 올라 있다.

(불)가능한 미래? 앵그리 사회에서 프렌들리 사회로

위에서 묘사한 한국사회의 모습은 드라마 <오징어게임>을 닮아있다. 각자도생만이 살길이라면 '탈조선'을 외치는 자조 섞인 목소리에 고개를 끄덕이는 수밖에 방법이 없다. 과연 그래도 되는 것일까? 더 나은 사회로의 변화는 불가능할까? 가능성을 차치하고 우리는 어떤 사회를 꿈꿔야 하는 것일까? 여기서 나는 '프렌들리(friendly)' 사회라는 개념을 제안해본다.

프렌들리 사회란 물질적 빈곤과 구조적 불평등 및 갈등을 넘어 상호 신뢰와 연대, 협력의 원리를 사회의 핵심가치로 지향하는 사회를 가리킨다. 이 사회는 경쟁과 분노 대신 포용과 신뢰를 기반으로 하며, 개인의 성취뿐 아니라 공동체적 행복과 사회통합을 중시한다. 이러한 사회에서 구성원들은 서로를 적대적 타자가 아닌 협력적 동반자로 인식할 수 있다. 물론 분노라는 감정을 없애는 것은 가능하지도 않으며, 그러한 방향이 늘 옳은 것도 아니다. 실제로 분노는 불의를 인식하는 감정이며, 사회개혁의 동력이 되기도 한다. 중요한 것은 이 분노를 타인에 대한 혐오로 돌리지 않고 보다 나은 사회를 함께 만들어가는 힘으로 전환하는 것이다. 우리의 과제는 화를 부정하지도, 혐오로 소비하지도 않는 길을 찾는 것이다.

프렌들리 사회를 향한 여정은 제도적 개혁과 정책적 노력만으로 완성되지 않는다. 무엇보다 서로에 대한 신뢰를 회복하는 문화, 차이를 존중하는 태도, 공적 담론의 품격을 높이는 미디어 환경이 함께 마련되어야 한다. 학교와 교육은 경쟁을 넘어 협력을 가르쳐야 하며, 정치 또한 분노의 동원이 아닌 공동체적 상상력을 자극하는 역할을 해야 한다. 그럴 때 비로소 우리는 분노의 시대를 넘어, 서로를 배제하지 않고 함께 살아갈 수 있는 사회를 만들어나갈 수 있을 것이다. 프렌들리 사회는 아직 도래하지 않았지만, 그것을 꿈꾸고 지향하는 순간부터 이미 변화는 시작된다.

화병,
말하지 못한 울분의 얼굴

이시형

대한민국을 대표하는 정신과 의사이자 뇌 과학자이다. 현재 사단법인 세로토닌문화 원장이며
실체가 없다고 여겨지던 화병을 세계적 정신의학용어로 만든 정신의학계의 권위자이다.

말하지 못해 쌓이는 분노

나는 정신과 의사로서 먼저 부끄러운 점을 고백하지 않을 수 없다. 군 복무를 마치고 곧바로 미국으로 건너가 수련을 받았고, 한국에서의 정신과 수련은 전혀 하지 못했다. 그 결과 한국 문화적 맥락을 잘 모르는 부분이 있었고, 이는 정신과 의사로서 약점이 될 수밖에 없었다. 수련을 마치고 귀국한 뒤 가장 놀랐던 것 중 하나가 바로 화병이었다. 왜 사람이 그렇게까지 되는지 처음에는 이해하지 못했다. 미국에서는 그런 환자를 보지 못했기 때문이다. 가슴을 치고 풀어헤치며 억울함과 울분이 치밀어 오르는 상태, 그래서 울화병이라고도 불리는 상태였다. 가슴이 답답하고 뭔가 터질 듯하며 불이 이는 듯한 폭발감이 특징이다. 서양에서는 억울한 일이 있으면 말로 푼다. 내가 훗날 미국 학회에서 화병을 발표했을 때도 "그렇게 억울하면 왜 말로 표현하지, 왜 가슴에 담아두느냐"라는 의문이 제기되었다.

우리도 화가 나면 말할 수는 있다. 그러나 화병의 핵심은 화가 나도 표현하지 못하는 데 있다. 특히 1970년대 초반만 해도 고부 갈등, 즉 시어머니와 며느리 사이의 문제가 대표적이었다. 보수성이 강한 지역에서는 사소한 실수에도 며느리가 심하게 구박을 받곤 했다. 며느리는 하소연할 곳이 없어 속으로만 앓았고, 이것이 화병의 시초가 되었다. 별일 아닌 것에도 구박이 이어지니 울분이 쌓일 수밖에 없었다. 시누이가 편을 들어주면 그나마 나았지만 오히려 시어머니와 합세해 새색시를 구박하는 경우가 많았다. "때리는 시어머니보다 말리는 시누이가 더 밉다"라는 속담처럼 겉으로 말리는 척하면서 속을 긁는 말이 더 상처를 깊게 했다.

한국적 정서와 '화병'이라는 진단

화병은 정식 정신의학적 진단명은 아니지만 한국 민간에서 널리 쓰여온 개념이다. 신병과 함께 다른 문화권에서는 보기 힘든 한국적 정신 병리 현상으로 정의되어 세계 정신의학 사전에 '화병(hwabyung)'으로 등재되기도 했다. 이는 한국 전통문화에서 비롯된 특수한 문화결정적 질환이라는 인식 때문이다. 며느리 입장에서는 이보다 더 억울한 일이 없는데, 그때 가장 곤란해지는 이는 남편이었다. 어머니 편도, 아내 편도 들 수 없어 그저 "좀 참아라"라는 말밖에 하지 못하는 형국이 임상에서 흔히 목격되었다. 그러나 1970년대 이후 한국은 급격한 산업화와 근대화 과정을 겪었다. 도시로 사람들이 몰려들며 아파트가 늘어나고 시부모와 떨어져 살기 시작했으며, 젊은 여성들이 직장을 가지면서 경제력과 발언권이 강해졌다. 그 결과 권력 관계의 역전이 일어나 시어머니가 오히려 며느리 눈치를 보는 상황이 생겼고, 최근 보고서에는 시어머니가 화병을 겪는 사례도 등장한다. 시대가 변하면서 울화의 양상도 달라지고 있는 것이다.

7~80년대 산업화 시기 한국 사회는 중년 남성에게 특히 가혹했다. 워낙 후발 국가라 선진국을 따라가야 했기에 출근은 있어도 퇴근은 없을 정도로 일했고, 창업과 몰락이 뒤섞인 각축장에서 사기, 횡령, 부도 같은 사건들이 잦았다. 정도 경영보다 편법이 횡행했고, 하루아침에 나타났다 사라지는 기업도 부지기수였다. 이런 상황에서 뇌의 편도체가 쉽게 흥분되어 공격적·충동적 상태로 치닫게 된다. 편도체가 흥분되면 전두엽의 합리적 사고가 일시 마비되어 앞뒤를 가리지 못하는 위험한 상태가 된다. 그러므로 내가 권하는 기본 처방은 "우선 참아라"이다. 현장을 잠시 떠나는 것도 방법이다. 시간이 지나 흥분이 가라앉으면 전두엽의 이성적 판단이 돌아오고, 사태 해결의 합리적 길이 보이기 시작한다. 그때는 물건을 던지고 소리 지르는 폭력 대신 말로 풀 수 있다.

우리 사회는 분노를 언어가 아니라 신체 행동으로 표현하는 경향이 강하다. 아이들이 마음에 안 들면 문을 쾅쾅 닫거나, 운전 중 계속 경적을 울리거나, 밥을 거부하는 식의 신체적 언어가 대표적이다. 이런 표현은 상황을 악화시키고 폭력으로 쉽게 비화된다. 실제로 우리는 사소한 일에도 보복운전, 시비, 기물 파손으로 이어지는 사례가 적지 않다. 이는 공격 중추인 편도체의 과민 상태, 즉 조급한 정서 풍토와 깊이 관련된다. 오늘날에는 이런 분노가 도로와 가정뿐 아니라 디지털 공간에서도 더욱 쉽게 폭발한다. 익명성이 보장된 온라인 네트워크에서는 사소한 말 한마디가 증폭되어 혐오와 차별, 집단적 분노로 번지곤 한다. 사회적 양극화가 심화되는 상황에서 상대 집단을 향한 공격적 언어가 끊임없이 생산되고, 팬데믹을 거치며 드러난 불안정한 정서가 이런 현상을 더욱 부추겼다. 결국 지금 우리가 직면한 분노는 개인적 차원을 넘어 사회 전체를 분열시키는 구조적 문제로 확산되고 있다. 그렇기에 분노를 단순히 병리로만 볼 것이 아니라, 어떻게 표현하고 다루어야 공동체를 지킬 수 있는지에 대한 성찰이 절실하다.

역사와 감정의 연결고리

분노와 관련해 떠오르는 일화가 있다. 나의 형은 6·25 참전 포병 장교였다. 6대 종손으로서 무게감 있고 포용력 있는 사람이었다. 미국으로 이민을 떠나 안정적으로 살던 형이 귀국했을 때 함께 선산에 성묘를 갔던 일이 생각난다. 내가 "형이 돌아가시면 여기가 묻힐 자리다"라고 농담처럼 말하자, 형은 쓸쓸하게 웃으며 "내가 여기 묻힌들 미국에 있는 아이들이 찾아오겠나"라고 했다. 그래서 "그럼 미국에 묻히시겠냐"라고 묻자 형은 크게 화를 내며 "무슨 소리냐, 내가 어떻게 지킨 조국인데"라고 했다. 나는 그렇게 성난 형을 본 적이 거의 없었다. 형은 "내가 죽거든 화장해서 고향 뒤산과 철의 삼각지대에 뿌려라"라고 말했다.

형은 철의 삼각지대에서 몇 번의 죽을 고비를 넘겼다. 1950년 12월 31일 밤, 일동고등학교 운동장에 포진했던 포병대가 중공군에게 포위되었을 때 형은 간신히 빠져나왔지만 많은 전우들이 전사했다. 형의 분노는 사소한 일에 욱하는 것이 아니라 군자의 대노였다. 그래서 형은 훗날 자신의 참전 기록을 『어떻게 지킨 조국인데』라는 책으로 남겼다. 나는 그 책을 볼 때마다 "군자는 대노한다"는 말을 떠올린다.

우리는 왜 이렇게 쉽게 흥분하는가. 역사적 요인도 있다. 한반도의 지정학적 위치는 수많은 외침을 피할 수 없게 했다. 대륙과 해양 세력이 충돌하는 접점이었고, 근대에는 일본 식민지라는 악랄한 수탈과 열등감 주입을 겪었다. 한 세대가 식민지 교육을 받으면 그 후유증을 회복하는 데 한 세기가 걸린다고 한다. 열등감이 많을 수록 오해와 과잉 반응이 쉬워지고, 편도체의 감정 역치가 낮아져 작은 자극에도 곧장 공격성으로 치닫는다. 물론 편도체는 우리를 보호하는 필수 기관이다. 강도를 만났을 때 싸우거나 도망치도록 교감신경을 동원하는 방어 본능의 핵심이 바로 편도체다. 문제는 비상 상황이 아닌데도 사소한 자극에 과도하게 작동한다는 점이다.

분노를 창조적 에너지로 전환하기

며칠 전 내 앞에서도 별것 아닌 양보 문제로 길 한복판에서 큰 싸움이 날 뻔했다. 내가 중간에서 말려 겨우 진정시켰다. 우리는 아직도 너무 급하고 여유가 없다. 역사적으로 늘 쫓기기만 했던 피란 심리가 여전히 남아 있는 것 같다. 일상 대화에도 여백과 유머가 부족하다. 서양 정치인들이 난처한 상황을 유머로 넘기는 것과 대조적이다. 최근에는 노년층의 분노와 폭력이 새로운 문제로 떠오르고 있다. 경찰 통계에 따르면 전체 강력 범죄는 줄었는데, 노년층 강력 범죄는 늘고 있다. 장수 시대가 도래했지만, 노년을 준비하지 못한 세대가 많기 때문이다. 과거에는 연금 제도도 미비해 퇴직 후 뒷방 노인이 되는 경우가 많았다. 외로움과 서러움이 쌓이면 분노로 이어질 수밖에 없다. 우리나라 독거가구 비중은 이미 30%를 넘어섰고, 머지 않아 50%에 육박할 전망이다. 혼자 사는 남성은 여성보다 기대 수명이 크게 짧다는 보고도 있다. 그러나 고독은 해석과 사용법에 따라 다르게 작용한다. 고독을 외로움과 불안의 벽으로 만들면 병이 되지만, 시간을 주체적으로 쓰면 은둔이 아니라 창조가 된다. 취미 활동, 독서, 글쓰기, 예술 작업처럼 고독을 건설적으로 전환하는 과정을 정신의학에서는 '승화'라고 부른다. 부정적·파괴적 고독을 긍정적·창의적 고독으로 바꾸는 승화가 이루어진다면, 고독은 오히려 유익한 정신 자산이 될 수 있다.

끝으로 언어 문화를 돌아볼 필요가 있다. 영어는 '상업 언어'라 할 만큼 상대의 기분을 배려하며 부드럽게 거절하는 표현이 발달해 있다. 취업 원서를 내면 "당신은 훌륭하지만 올해 회사 방향과 맞지 않으니 내년에 다시 지원해 달라"는 식의 답장이 온다. 거절당해도 기분이 상하지 않는다. 그러나 우리 사회는 반대 의견을 곧바로 "나를 무시한다"라고 해석해 합리적 토론이 감정 대립으로 변질되기 쉽다. 거칠고 모욕적인 말을 쓰면 편도체가 즉각 자극되어 공격성이 높아진다. 그러므로 같은 내용이라도 품격 있는 말로 표현해야 한다. 흥미롭게도 한국어 욕설은 "될 놈, 할 놈"처럼 미래지향적 형태가 많은데, 이는 "그렇게 가면 그렇게 될 수 있다"는 경고의 성격도 엿보인다. 그럼에도 욕설 자체가 중추신경을 자극하고 공격성을 끌어올린다는 사실은 변하지 않는다. 말을 곱게 쓰는 문화가 분노를 다루는 첫걸음이다.

결론적으로 화병은 한국 사회의 문화·역사적 맥락에서 형성된 울분의 병리이며, 표현의 부재와 편도체 과민 상태가 결합될 때 심화된다. 순간적으로는 참고, 비켜나고, 시간을 두는 기본 처치가 유효하다. 장기적으로는 유머와 여유, 용서의 태도, 품격 있는 언어, 그리고 고독의 승화를 통해 분노의 에너지를 창조적 에너지로 전환해야 한다. 이것이 개인의 평정과 공동체의 건강을 지키는 지름길이라고 믿는다.

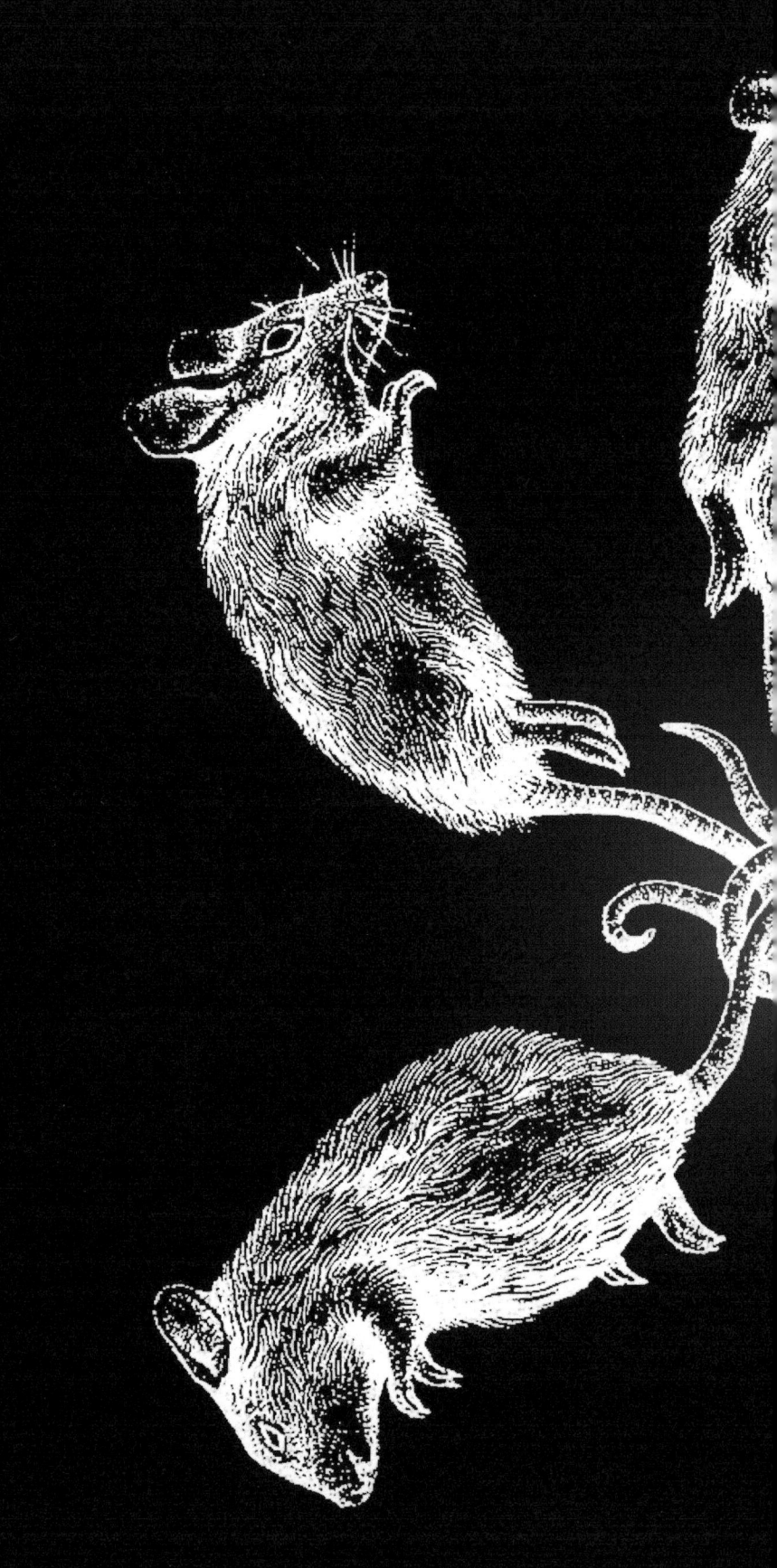

억눌린 감정이
우리를 움직일 때

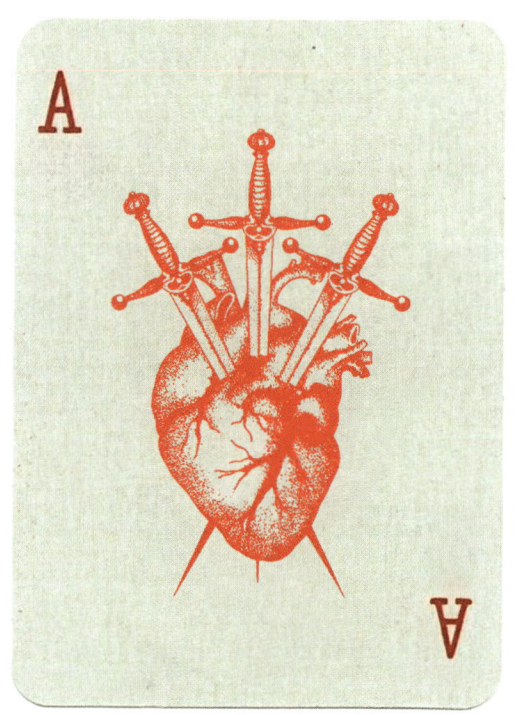

노성숙

현재 한국상담대학원대학교 상담심리학과 철학상담전공 교수이자
독일 GPP 철학상담전문가이다. 철학상담 교육 및 연구 활동과 더불어
청소년기와 중년기를 위한 철학상담 집단프로그램을 개발하여 운영하고 있다.

하나, 개인의 '화병'에 담긴 분노의 이야기를 들추면
그 시대의 사회문화가 보인다.

"가난에 들볶이던 불평이 눈등이 뜨겁도록 치밀어 올라온다." 1934년에 발표된 강경애의 소설 『소금』에서 소위 '화병'에 걸린 '봉염어머니'가 울분에 휩싸여 내뱉은 말이다. 그녀는 이어서 그 분노를 아이들에게 표출한다. "왜 돈이 없는지 내가 아니, 우리 같은 거지들에게 왜 태어났니, 돈 많은 사람들에게 태어나지..." 이 대목에서는 어쩔 수 없는 환경에 대한 그녀의 절규와 눈물 속에서 분노의 무력감을 엿볼 수 있다.

일제강점기, '봉염어머니'는 가난과 빚에 시달리다 못해 고향을 떠나 간도로 이주했다. 그러나 그 과정에서 남편을 잃고, 장남 봉식이마저 실종되며, 급기야 중국인 지주인 팡둥에게 성폭행을 당해 임신까지 하게 된다. 봉염이와 봉희도 연이어 죽어가는 비참한 현실에서 극심한 가난을 이겨내기 위해 소금 밀수에 나섰지만, 결국 일본 경찰에 체포되고 만다.

시대를 뛰어넘어 오늘날 한국 사회의 '화병'을 엿볼 수 있는 작품은 조남주의 소설 『82년생 김지영』이다. '김지영'이 취업 면접에서 '불합격' 통보를 받고 나서 대학 졸업식에 가지 않겠다고 하자, 그녀의 아버지가 말했다. "넌 그냥 얌전히 있다 시집이나 가." 그때까지 더 심한 소리에도 반응하지 않던 김지영이 갑자기 견딜 수가 없는 답답함으로 숨을 고르는 순간, 그녀의 어머니가 '얼굴이 시뻘겋게 달아올라' 대꾸한다. "당신은 지금 때가 어느 땐데 그런 고리타분한 소릴 하고 있어? 지영아, 너 얌전히 있지 마! 나대! 막 나대! 알았지?"

이후 김지영은 작은 홍보대행사에 다니다가 출산과 함께 퇴사했다. 그녀는 가사와 육아에 전념하던 동안 누적된 스트레스로 고통받다가, 표출할 수 없었던 억압된 분노를 대학 선배, 어머니 등으로 '빙의'해서 표현하는 증상을 보였다. 결국 그녀는 정신과를 방문하여 해리장애, 육아 우울증, 신체화 장애 등의 진단을 받고 항우울제와 수면제를 처방받았다.

'봉염어머니'와 '김지영'의 사례에서 보았듯이, 일제강점기부터 오늘날 경제 강국인 대한민국에 이르기까지 계속되고 있는 '화병'의 정체는 과연 무엇인가?

둘, 화병이란 과연 무엇이며,
심리학적으로 어떻게 이해하고 대처해 왔을까?

'화병(hwabyung)'은 1994년 미국의 '정신질환 진단 분류 체계'(DSM) IV에서 문화 관련 증후군(culture-bound syndrome)으로 등재되었으나, 2013년판 DSM-V에서는 제외되었다. 한국에서는 1970년대부터 정신의학에서 화병에 대한 임상적 관심을 보이기 시작했고, 이후 1990년대 중반부터 한의학을 중심으로 간호학, 심리학등의 학제적 연구와 치료가 꾸준히 이루어져 왔다.

대한한방신경정신과학회의 한의표준임상진료지침에 따르면, 화병은 '분노와 같은 부정적인 감정이 해소되지 못하여 화의 양상으로 폭발하는 증상이 있는 증후군이다. 신체증상으로 가슴 답답함, 열감, 치밀어 오름, 목이나 명치에 덩어리가 뭉친 느낌 등이 나타나고, 심리적으로 억울하고 분한 감정, 마음의 응어리나 한(恨)의 대표적인 증상을 가지고 있다. 이러한 증상들은 뚜렷한 스트레스 사건과 관련되어 있다.'

한국 사회에서 화병은 주로 중년 여성들을 중심으로 발견되며, 특히 갱년기를 겪는 여성들이 가부장적 가족제도 안에서 시댁과 남편, 자녀 등과의 관계에서 성역할로 인한 갈등이 심화되었을 때 발생한다. 심리학적으로는 개인이 겪는 화병의 주요 '정서'를 무엇으로 보느냐에 따라, 특히 '분노'와 '우울'을 중심으로, 불안, 무기력 등의 증상에 주목한다.

주로 화병은 '분노장애'라고 진단되는데, 이와 연관해서 주목할 것은 분노표현과 분노억제만이 아니라 '분노반추'이다. '분노를 유발하여 화난 상황을 반복적으로 떠올리며 곱씹는 인지과정'은 화병의 증상을 악화시킬 수 있다. 따라서 심리상담을 통해 분노반추를 다루는 경우, 자기표현의 변화를 통해 분노를 조절할 수 있도록 도울 수 있다. 최근에는 수용전념치료(ACT)나 명상 등을 통해 분노를 인지하고, 자신의 상처와 두려움을 알아차리는 것을 넘어 용서와 연민에까지 다다를 수 있도록 돕고 있다.

이와 같이 볼 때, 오늘날 '화병'에 대한 심리학적 관심은 억압된 부정적 정서가 해소되지 않고 누적되어 일으키는 신체적 장애, 만성화된 분노와 우울증에 집중되어 있다. 물론 '분노'와 '우울'이라는 개인의 정서를 중심으로 개인이 이 정서를 어떻게 스스로 인지하고 표현함으로써 자신을 수용하고 변화시킬 수 있는지가 중요하다. '화병'에 걸린 여성이 억눌린 감정에서 벗어나고, 가족과 직장에서 불평등한 권리를 되찾아 평등한 관계를 회복하는 것이야말로 '화병'을 극복하는 구체적인 첫걸음이 될 수 있을 것이다. 그런데 그 걸음의 디딤돌은 과연 어디에 놓여 있을까?

셋, 화병의 변천사를 바라보는 여성철학자의 시선

최근 심리학에서도 한국 사회의 문화적 특수성이 여성에게 감정을 억압하도록 강요한다는 사실에 주목하면서, 화병을 가족관계의 갈등이라는 측면에서 접근하기도 한다. 가족치료의 관점에서 가족 안에서 배우자, 자녀와의 의사소통 방식을 변화시킴으로써 갈등 관계를 개선하려 시도하는 것이다.

또한 '화병'에 대한 심리학적 연구에서는 한편으로 양적연구를 통해서 '화병에 대한 척도'를 개발 및 타당화한 바 있으며, 다른 한편으로 개인, 가족관계, 사회관계, 사회문화적 요인들 사이의 상관관계를 밝히려는 쪽으로도 진척되고 있다.

그럼에도 심리학적 연구와 심리상담은 여전히 '화병'을 '개인'의 질병이라는 틀 안에서 다루고 있다. 따라서 여성들이 억압되고 희생당하면서도 그 감정을 억제하도록 강요해 온 사회문화적 맥락과 가부장적 가치관에 대한 면밀한 성찰과 비판이 과연 충분히 이루어진 것인지 의문이 제기된다. '화병'은 사회구조적 불평등과 권력 관계가 바뀌지 않는 한, 또 다른 방식으로 은폐되어 반복적으로 나타날 수밖에 없는 사회문화적 질병이다.

다시 봉염어머니와 김지영의 '화병'으로 되돌아가 보자. 봉염어머니의 '화병'은 단순히 개인이 지닌 정서로 인한 것이 아니라, 식민지 조선과 만주를 배경으로 하는 사회구조적 빈곤과 성차별 속에서 사회적으로 '최후'의 약자인 '한 여성'이 생존해야 했던 사회문화적 맥락에서 발생한 것이다. 이와 대조적으로, 경제적으로 훨씬 나아 보이는 환경에서 살고 있는 김지영은 평범한 중산층의 일상에서 육아와 가사 부담을 안고 사는 경력 단절 여성이다. 그런데 왜 그녀는 여전히 목소리도 내지 못하고 억눌린 감정을 누적시켜 왔으며, 그 과정에서 점차 더 깊은 '화병'에 빠지게 된 것일까?

여기서 '화병(火病)'이 단순히 불기운을 담고 있는 분노의 '화(火)'라는 것에만 주목할 것이 아니라, 한의학에서는 '울화병(鬱火病)'에서 유래한다는 점을 기억할 필요가 있다. 그러니까 분노로 폭발하기 이전에, 억울함으로 인해 잠 못 이루며 가슴 답답하게 삭혀 온 개인적 시간과 역사적 시간이 누적되었다는 것이다. 김지영은 아주 가까운 환경인 가정에서부터 학교, 직장, 결혼, 육아 등 삶의 전반적인 과정에서 오랫동안 꾸준히 성차별을 경험해 왔다. 그렇지만 그녀는 그 경험에 담긴 성차별적인 고통을 드러내지 않고, 그 고통의 실재에 대항하기보다는 자신을 탓하며 참고 참으면서, 깊은 무기력과 우울증을 앓아 왔다.

그런데 김지영이 스스로 표현하지 못했던 억압된 감정의 분노를 타인에 '빙의'해 표현할 때, 우리는 그 안에서 '은폐된 저항'의 힘을 발견할 수 있다. 그리스팬은 우울증을 '자리바꿈한 그리고 내면화된 분노'로 재정의한 바 있다. 여성철학자의 입장에서 '화병'을 앓는 여성들과의 자유로운 대화를 꿈꾸며 질문해 보고자 한다. 그들, 아니 우리 안에 '내면화된 분노'를 감지하고 표출하며 명명할 수 있도록 서로 도울 수는 없을까? 그 '화병'에 드러난 분노를 그저 개인의 탓으로 돌리면서 참기만 할 것이 아니라 그 감정이 뿌리내린 가족과 직장의 사회적 구조와 가부장적 가치관을 좀 더 자세히 들여다볼 수는 없을까? '화병'에 시달리며 잠도 못 이루고 사회에 적응하지 못하는 개인으로 고립되어 있지만 말고, '내 고통' 속에서 얽혀있는 '우리'의 역사적이고 시대적인 맥락을 들추어내 짚어보고, 그 억압을 만들어낸 사회문화적 가치를 가시화하여, 이를 맘껏 비판하며 이야기해 보자.

제국주의가 만연했던 역사의 한복판에서 온갖 멸시와 모욕을 받으면서도 그저 배우자와 아이들을 살려보겠다고 몸부림치던 그 봉염어머니가 '소금'이 되었기에, 그나마 오늘날 여성들이 생존에 필요한 외적 여건뿐만 아니라 내면의 저항력을 키워온 것은 아닐까? 그 여성들의 삶을 기억하며, 오랫동안 참아온 분노의 에너지가 개인으로서의 여성을 넘어 '사회적 연대'로 이어진 사건이 실제로 지난겨울 남태령에서 일어났다. 2030 여성들의 힘찬 목소리에서 희망찬 미래가 울려 퍼졌다.

긴 역사를 거쳐 온 여성의 '화병'이라는 맥락에서 볼 때, 이 사건은 소중한 여성철학적 의미를 지닌다. 왜냐하면 여성들이 우울과 무기력의 고립을 벗어나, 분노의 정체를 단지 개인 내적인 자생적 요인에 귀인하지 않기 때문이다. 오히려 여성들은 분노의 배경에 있는 자본주의적 병폐와 국가 폭력이라는 사회적 맥락, 그리고 그 안에 내포된 성차별적 고정관념이라는 문화적 맥락을 비판했다. 그리고 무엇보다 사회적 약자, 농민들과 함께 외쳤다. 남태령에서 보여준 여성들의 '열린 연대'는 '화병'이라는 '고통'을 이겨낸 여성들의 역사적 저력이 지금, 그리고 앞으로 반복될 사회문화적인 폭력과 억압에서 해방되기 위한 촉매로 자리매김하고 있음을 보여준다.

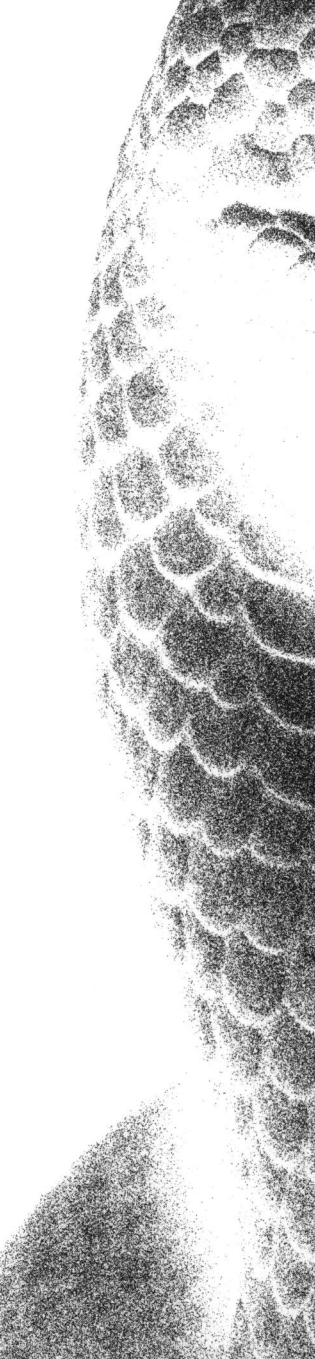

억눌린 감정이 우리를 움직일 때

데이트 폭력
: 사랑을 왜 통제하려 할까?

정지우

작가 겸 변호사. 쓴 책으로는 『분노사회』, 『인스타그램에는 절망이 없다』 등이 있다.
한국저작권위원회 감정인, 사단법인 오늘은 이사장 등으로 활동하고 있다.

사랑이 폭력이 되는 시대

사랑이 드물어진 시대라곤 하지만, 우리는 여전히 사랑을 한다. 외로움과 고립이 시대정신처럼 널리 퍼져 있다는 이야기가 무색하게도, 길거리에는 사랑하는 사람들의 모습을 매일 볼 수 있다. 각자도생의 사회, 사람들은 저마다의 방에 숨어들어 스마트폰과 AI를 최고의 친구처럼 여기기도 한다. 그렇지만 인간의 본성인지, 사랑 또한 끝나지 않고 그 틈새로 끊임없이 뻗어나간다. 어딜 가나 두 손 꼭 잡고 세상을 거니는 커플, 사랑의 결실인 아이를 데리고 다니는 부부, 서로의 짝을 찾아 헤매는 TV 프로그램이나 커플 매칭 앱, 업체 광고도 매일같이 볼 수 있다.

그런데 그렇게 이어지는 '사랑의 역사' 가운데도 비극적인 소식들이 있다. 경찰 통계에 따르면, 교제폭력 112신고가 2021년 5만 7천 건에서 2024년 8만 8천 건으로 급증했고, 2025년 상반기만 5만 7천 건으로 전년보다 증가했다. 특히, 최근 5년간 10대 교제폭력 검거 인원은 전 연령대 중 증가율 최상으로, 280명에서 626명으로 2배 이상 늘었다. 교제폭력 유형 중에서는 폭행, 상해가 최다이다. 최근에는 스마트폰을 통한 각종 디지털범죄도 증가추세에 있다.

통계 숫자만 그럴 뿐 '내 주변은 아니던데.'라고 하기엔 사회적으로 논란이 된 사건도 적지 않다. 최근 1,000만 구독자의 유명 유튜버가 남자친구로부터 지속적인 폭행, 협박, 착취 피해를 폭로한 사건이 논란이 되었고, 여러 지역에서도 이별 통보를 받고 저지른 살인사건 등도 보도되고 있다. 이런 뉴스들은 교제폭력이 나와 관계 없는 소수의 문제라기보다는, 하나의 사회문제, 나아가 우리 시대의 '사회현상'으로 대두되고 있다는 걸 의미한다. 그 문제 원인을 깊이 탐구해보자.

당신이 아니라, 내 관념이 문제였다

교제폭력의 주된 원인은 '상대방에 대한 분노'라고 볼 수 있다. 이별 통보를 한 연인에 대한 분노, 내가 원하는 것을 해주지 않거나 나의 뜻대로 되지 않을 때의 분노, 나와 다른 방식의 교제를 원하는 가치관 차이에서 오는 분노 등이 교제폭력의 주된 이유라고 봐도 무방할 것이다. 그렇다면, 이 '분노'는 정확히 어떻게 발생하는가? 우리가 '분노'를 느끼는 경우를 찬찬히 생각해보자.

예를 들어, 우리는 지하철에서 담배 피우는 사람을 보면 분노를 느낄 것이다. 누군가 나에게 사기를 쳐서 돈을 뜯어가도 분노할 것이다. 친구가 약속을 지키지 않거나, 정치인이 공약을 지키지 않을 때도 분노한다. 그 모든 상황의 공통점은 '관념'과 '현실'의 불일치라고 볼 수 있다. 쉽게 말해, 여기에서 '관념'은 어떤 당위, 마땅히 그래야 한다고 믿는 원칙 같은 것이다. 지하철에서는 담배 피우면 안 된다는 당위, 사기를 치는 건 나쁜 것이라는 생각, 약속을 마땅히 지켜야 한다는 믿음 같은 것들이 모두 '관념'이다.

이러한 관념에 맞는 현실은 우리 마음을 평화롭게 한다. 아무도 담배 피우지 않는 지하철에서 담배 때문에 분노할 일은 없다. 그러나 역시 누군가 지하철에서 내가 해선 안 된다고 '믿는 일'을 하면, 분노할 것이다. 시끄럽게 떠든다든지, 삼겹살을 구워 먹는다든지, 불량품을 판다든지 하는 경우다. 그것이 내 '관념'과 어긋나지 않는다면 분노하지 않는다. 예를 들어, 믿기 힘들지만 90년대만 하더라도 사람들은 PC방에서, 대학교 강의실에서, 버스에서 담배를 피웠다. 사람에 따라 개인적으로 담배 연기가 싫었을 수는 있겠지만, 그 때문에 분노하는 일은 별로 없었다. '그래도 된다'는 것이 당시 '관념'이었기 때문이다.

세네카는 『화에 대하여』에서 "분노의 원인은 우리가 상처받았다는 '믿음'"에 있다고 썼다. 나아가 분노란 "내가 원했던 것(관념)"과 실제로 "내가 가진 것(현실)" 사이의 간극에서 발생한다고 말한다. 교제폭력 또한 다르지 않다. 교제폭력에서는 항상 당신이라는 존재보다 내 안의 생각, 관념, 믿음이 더 중요하다. 당신이 내가 원하는 관념대로 되지 않으면, 당신이라는 존재는 나의 관념에 맞게 바뀌어야만 한다. 내 관념이 절대적으로 중요한 것이다.

예를 들어, 내가 믿을 때 당신이 나를 사랑한다면 매일 문자메시지를 10통씩 보내야 한다. 매일 밤낮으로 전화도 해야 한다. 다른 이성과는 밥도, 커피도 마시면 안된다. 당연히 나에게 이별 통보도 해선 안 된다. 이 모든 건 내가 가진 '당위' 즉 '관념'이다. 당신이 이 관념과 불일치할 때, 당신은 내게 분노의 대상이 된다. 그래서 나는 당신을 어떻게든 내가 믿는 관념에 맞게 바꾸어야만 한다고 믿게 되고, 내 관념에 맞게 만들고자 폭력을 저지른다.

다시 말해 중요한 건 '당신'이 아니다. 당신이라는 인간이 실제로 어떤 사람인지는 전혀 중요하지 않다. 중요한 건 오직 나의 관념일 뿐이다. 그것만이 세상에서 가장 중요하고, 나의 관념에 맞지 않는 모든 것은 파괴되어야 한다. 만약 당신이 살아서 나의 관념에 맞을 수 없다면, 당신이 죽어서라도 내 관념은 지켜져야 한다. 나를 절대 포기할 수 없는 상태, 나의 옳음이 죽음을 넘어서도 이어져야만 하는 상태, 즉 절대 포기할 수 없는 '나르시시즘'에서 사랑은 폭력이 된다.

J.W. Waterhouse <Narcissus Myth>

나르시시즘을 조장하는 사회

우리 시대가 '나르시시즘'을 조장하고 강화하는 시대라는 진단은 최근 상당히 널리 퍼져 있다. 철학자 이졸데 카림은 『나르시시즘의 고통』에서 "나르시시즘이 사회적 요구가 되었다"라는 점을 지적하면서, 우리가 끊임없이 자기 자신을 사랑하고, 자기 안의 이상을 추구하도록 강요받고 있다고 말한다.

특히, 최근의 SNS 문화는 우리가 더 '자기 자신'에게 몰두하게 만든다. 매일 나 자신을 '좋아요'나 '댓글'로 검증받게 만들면서, 내가 옳거나 괜찮은 존재인지를 확인 받는다. '좋아요'가 적게 찍히면 기분이 나쁜데, 나의 나르시시즘을 훼손하기 때문이다. 나는 매일 '옳아야' 한다.

이제 누구도 벗어날 수 없는 스마트폰 속의 온갖 AI 알고리즘도 그런 상태를 강화한다. 알고리즘은 우리의 취향에 맞는 콘텐츠들만을 무한히 제공하면서, 우리의 취향이 그 자체로 '옳다'는 느낌을 준다. 정치적 견해 등으로 가면 더 말할 것도 없다. 대다수의 사람들이 자신과 정치적 견해가 같은 사람들만 팔로우하고 구독하며, 반복적으로 자기 입장만 강화하는 '자기 강화적' 필터 버블에 빠진다.

나는 옳아야 하고, 옳은 존재라는 확신이 그와 같이 매일 강화된다. 특히, 내가 옳지 않을 경우 타인들의 비난은 더욱 견디고 싶지 않은 것이 된다. 페이스북, 인스타그램 등 상당수 SNS에서는 '싫어요' 기능 자체가 없다. 내가 접할 수 있는 건 남들의 '호' 뿐이고 '불호'는 아예 접할 일이 없다. 그러다 댓글로 악플이라도 달리면, 분노를 참지 못하고 싸우거나 삭제 후 차단해버리게 된다. 우리는 점점 '나의 관념'과 일치하지 않는 모든 것을 견딜 수 없게 되어 가고 있다.

그러나 사랑과 교제는 그와 반대의 '불일치'를 매일같이 경험해야 하는 일이다. 나와 타인은 똑같을 수 없고, 결코 완전히 일치할 수 없다. 사랑하는 내내 '차이'를 경험하게 되고, 모든 의견 불일치는 대화로 풀어나가야 한다. 그렇기에 사랑은 곧 이해와 동의어라고도 볼 수 있다. 사랑은 '이해하려는 의지' 그 자체이며, 나와 다른 것을 받아들이는 평생의 연습이다. 하지만 우리 시대 사람들은 이런 연습에 가장 취약하다.

어렵더라도, 결국 매일의 삶 속에서 '내가 절대적으로 옳은 게 아닐 수 있다'는 경험과 자각을 쌓아갈 필요가 있다. 나와 다른 것을 배척하기보다는 이해하고 수용하려는 노력 속에서, 나도 넓어진다. 그렇게 나의 자아에와 내면에 대한 '나르시시즘적' 집착에서 벗어날 때, 진정으로 사랑할 여지가 삶 속에 생겨난다. 사랑이란, 내 앞에 있는 사람을 온전히 대하기 위하여 내 안에 있는 관념과 싸우는 일이다.

이유 없는 폭력은 없다
'묻지마 범죄'

박형민

한국 형사·법무정책연구원 선임연구위원이다. 폭력과 죽음에 관한 사회학적 설명에
주된 관심을 가지고 강력 범죄, 폭력 범죄, 자살 등을 연구하고 있다.

분노를 가리는 말, '묻지마 범죄'

공공장소에서 불특정 다수를 대상으로 무차별적으로 폭력을 행사하는 범죄를 일부 언론과 대중들은 '묻지마 범죄'라 부르곤 한다. '묻지마'라는 수식어를 사용하는 것은 그러한 범죄에서 폭력 사용의 동기가 명확하게 드러나지 않는다는 것을 지적하기 위한 것으로 보인다. 같은 맥락에서 '묻지마 범죄'를 '무동기 범죄' 혹은 '이상 동기 범죄'라는 개념으로 설명하기도 한다. 그러나 이러한 범죄에 대해서 '묻지마' 혹은 '무동기'라는 수식어를 동원하는 것은 우리가 성찰해 보아야 할 부분이다. 왜냐하면 상대적으로 물질적, 성적 이득 등 명확한 동기가 발견되지 않는 것은 표출적 범죄의 일반적인 특징이기 때문이다.

'묻지마 범죄'라는 개념의 가장 큰 문제점은 그 개념이 행위의 특성을 드러내는데 아무런 도움을 주지 않는 모호한 개념이라는 점이다. 개념이 모호하기 때문에 사회적 합의가 있을 수 없었고, 문제의 원인과 대응에 대해 진지하게 묻지 않게 되었다. 사회적 관심은 증가했지만, 우리는 '묻지마 범죄'가 사회에 얼마나 발생하는지, 증가 혹은 감소하고 있는지, 증가했다면 얼마나 증가했는지 등과 같은 실태에 대한 접근이 어려울 수밖에 없었다.

'묻지마 범죄'라는 용어는 아마도 1990년대의 신조어인 '묻지마 관광', '묻지마 대출' 등에서 기원한 것으로 보인다. 이 신조어들은 상대방의 이름, 배경 등에 대한 것들을 '묻지 않고' 관광, 유흥을 즐긴다거나, 상환능력이나 신분 등에 대한 것을 '묻지 않고' 대출을 해 주는 등의 현상을 묘사하기 위해 언론에서 선정적으로 사용했던 것이었다. '묻지마 범죄' 역시 언론의 선정적인 조어법의 한 형태로서, 범죄자의 범행동기, 피해자 선택 이유 등에 대해 마땅히 설명하기 힘든 범죄유형으로 부르기 시작하였고, 이것이 마치 새로운 개념인 것처럼 상용화된 것으로 보인다.

그런데 이러한 연원을 가지는 용어로 범죄현상을 설명하는 것은 무책임하고 위험한 일이다. 왜냐하면 그것에 대한 과학적이고 합리적인 설명을 일정 부분 포기하는 것을 의미하기 때문이다. '묻지마 범죄'의 경우 사용하는 사람들마다 내포하는 의미가 다르기 때문에, 우리 사회에서 그것이 증가했다거나, 감소했다거나, 혹은 더 심각해졌다거나 하는 논의는 무의미해지고 마는 것이다. 그렇기 때문에 우리 사회에서 '묻지마 범죄' 혹은 '무동기 범죄'에 대한 통계는 실질적으로 존재하지 않는다.

따라서 공공장소에서 불특정 다수를 대상으로 무차별적으로 폭력을 행사하는 범죄에 대해 실질적 의미를 담지하는 새로운 이름을 부여할 필요가 있다. '무차별 범죄', '공중 폭력난동 범죄' 등 여러 대안들이 검토될 수 있지만, 여기서는 이미 통용되고 있는 용어인 '묻지마 범죄'라는 개념으로 논의를 이어가고자 한다.

왜 낯선 타인일까?

우리에게 알려져 있는 '묻지마 범죄'는 '가해자가 자신과는 직접적인 관계가 없는 사람을 무차별적으로 선택하여 폭력을 행사하는 표출적 범죄'이다. 표출적 범죄(expressive crime)는 물질적 이득이나 성적 만족 등을 목적으로 저지르는 도구적 범죄(instrumental crime)와는 달리 범죄자의 분노나 감정을 표현하기 위한 범죄를 의미한다. 대부분의 폭력성 범죄들은 이러한 표출적 범죄의 특성을 나타내고 있는데 범죄 행위의 동기가 구체적인 이득을 얻기 위한 것이 아니라 자신의 감정(분노, 스트레스 등)을 표출하기 위한 것이라 할 수 있다.

일반적인 폭력 범죄의 경우에는 보통 폭력의 대상이 귀책사유가 있는 구체적인 개인이다. 반면 '묻지마 범죄'는 전혀 모르는 사람을 대상으로 폭력을 행사하는 것이다. 이러한 측면 때문에 동기가 명확하지 않다고 판단하거나 우리가 이해하지 못하는 이상성에 의한 범죄라 판단하여 앞서 우리가 비판했던 '묻지마', '무동기', '이상동기' 등의 수식어를 통해 범죄현상을 이해하려 했던 것이 아닌가 짐작할 수 있다.

그렇다면 '묻지마 범죄'의 가해자들은 왜 불특정 다수를 향해 자신의 분노를 표출하게 되었을까? 여러 선행연구에 따르면 '묻지마 범죄' 가해자는 많은 경우 사회경제적 취약계층에 속하는 사람들로서 안정적인 직장이나, 교육 및 가정환경, 사회적 지지 등이 결여되어 있는 사람들이거나, 실직, 장기간 실업, 저소득 등 사회적 문제 상황에 처해 좌절을 경험한 사람들이 대부분인 것으로 보인다.

이들이 자신의 실패와 좌절의 원인을 구체적인 사람들에게 전가한다면 일반적인 폭력사건들의 형태로 표출되었을 것이다. 이와 다르게 '묻지마 범죄'의 피해자는 가해자와 직접적인 이해관계는 물론이고 대면적인 접촉도 없는 경우가 대부분이다. 아직은 가설적인 단계이지만, 서로 알지 못하는 사람들을 향한 극단적 폭력은 가해자가 자신의 실패 원인을 추상적인 '사회'나 '사람들 전체'에 투사하기 때문에 발생하는 것으로 보인다. 즉, 자신의 실패가 구체적인 누군가에게 책임이 있다고 여기기 힘든 경우, 그 원인을 막연한 '사회' 또는 '국가'와 같은 추상적인 대상에 돌리게 되고, 따라서 사회나 국가를 표상하는 '사람들' 또는 '물건'에게 막연한 적대감으로 분노가 표출되어 불특

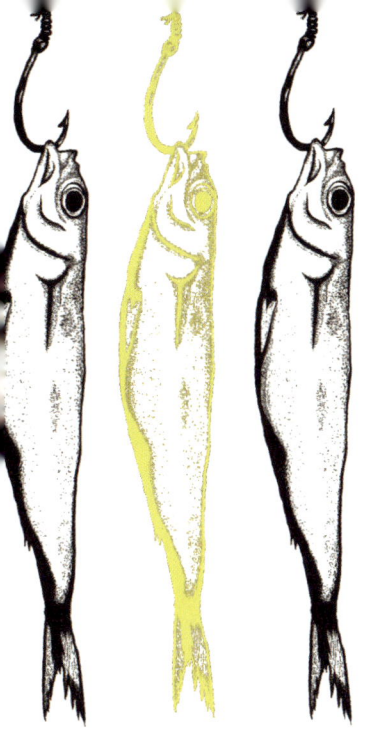

정 다수를 대상으로 폭력이 행사되는 것이다.

게다가 이들은 사회적 취약계층에 속해 있기 때문에 자신이 겪고 있는 문제에 대해 사회적으로 용인된 방식으로 해결할 수 있는 자원이 없거나 거의 없는 사람들이다. 권력, 학력, 경제력 등을 갖춘 사람은 분노를 협상, 설득 혹은 소송, 병원 치료 등 사회가 용인할 수 있는 방식으로 해소할 가능성이 높지만, 그러지 못하는 이들은 합법적인 수단이 부재한 상황에서 폭력이라는 행위를 통해 분노를 표출하기도 하는 것이다. 다시 말하면 개인이 실패를 경험한 경우 그것을 명확하게 납득하지 못하고, 사회에 대한 불만과 분노로 연결될 때 '묻지마 범죄'가 발생할 가능성이 높아진다. 안타깝게도 요즘의 우리 사회는 열심히 노력해도 원하는 경제적 사회적 성취를 달성하지 못하는 사람들이 늘어나고 있으며, 한번 실패한 사람들은 재기하기 힘들어지고 있다. 또한 새롭게 경제적 주체로 진입하기는 날로 어려워지고 있다. 이러한 추세가 지속된다면 '묻지마 범죄'의 발생은 지속적으로 존재할 것이다.

분노가 폭력으로 변하지 않기 위해서는

'묻지마 범죄'의 이같은 특징은 범죄 피해자들을 포함한 일반 시민들에게는 '범죄의 두려움'을 증가시키는 요인으로 작용한다. 피해자 입장에서 일반적인 폭력 범죄는 면식 관계의 가해자에 의해 발생하기 때문에 어느 정도 예측할 수 있는 개연성이 상대적으로 높다는 점에 비해, 언제 어디서나 누군가에게 영문도 모르고 폭력 피해를 당할 수 있다는 점에서 사람들은 '묻지마 범죄'를 두려워하게 되는 것이다. 이러한 맥락에서 '묻지마 범죄'는 사회적 관심을 가지고 근절 방안을 함께 모색해야 할 과제로 남는다.

먼저 '묻지마 범죄'에 대한 통계 자료의 수집을 위한 관심과 실무적인 노력이 시급하다. 문제상황의 실태에 대한 정확한 파악이 없다면 원인이 분석될 수 없으며, 원인에 대한 근본적인 연구가 없이는 실효성 있는 형사정책적 대안을 마련할 수 없음은 자명하다. 그러나 현재 우리는 '묻지마 범죄'의 개념에 대한 합의도 아직 마련되어 있지 않으며, 그에 대한 통계 수집 역시 전혀 이루어진 바가 없는 상황이다. 따라서 신속한 실태 파악이 필요하며, 이를 위해 학계와 실무계가 이 문제에 적극적으로 관심을 기울여야 한다.

다음으로 사회적 양극화의 심화로 인해 발생하는 사회적 약자들에 대한 관심과 보호가 '묻지마 범죄'의 발생을 근원적으로 감소시키는 방안이라 할 수 있을 것이다. 지금까지 발견된 대부분의 '묻지마 범죄'의 범죄자들은 실직이나 장기간 실업, 저소득 등 사회경제적 좌절을 겪은 사람들이다. 무차별 범죄는 좌절 경험자들의 분노범죄인 것이다. 따라서 우리 사회의 구성원으로서 정당한 권리를 박탈당한 사회적 약자들에 대한 관심을 기울여야 하며, 실패한 사람들이 재기할 수 있는 사회적 안전망이 마련되어야 한다.

그리고 '묻지마 범죄'를 저지를 수 있는 고위험군 대상자에 대한 보다 집중적이고 체계적인 관리가 필요하다. 사회적 약자들이나 정신질환자 전체를 잠재적인 범죄자로 여기는 것은 큰 문제이긴 하지만, 스스로를 통제하지 못하는 상황에서 극단적인 범죄를 저지를 수 있는 사람들에 대해서는 체계적인 관리가 필요하다. 예를 들어 정신질환자를 가족의 일부로 보호하고 있는 가정에 대해서, 폭력의 징후가 보이거나 폭력을 시작했을 때 효과적으로 대처할 수 있는 방법을 교육하고 응급시 바로 도움을 받을 수 있는 연락처를 상비하는 것을 고려할 수 있다.

국가와 사회는 시민들의 범죄에 대한 두려움을 감소시키도록 노력해야 한다. 또한 가정과 학교에서도 사회적으로 용인된 방식으로 분노 해결. 문제나 좌절의 상황에서 국가와 사회의 도움을 받을 수 있는 능력을 키울 수 있도록 합리적 의사소통능력을 키워나가는 노력이 필요하며, 긴장을 완화해 분노를 감소시킬 수 있는 일차적 사회적 지지망의 기능이 회복되어야 할 것이다.

이유 없는 폭력은 없다 '묻지마 범죄'

잔인한 희망, 마모되는 청년들

송민석

경희대학교 대학원 영미어문화학과에서 비평이론과 문학을 공부했다.
영화·문학·대중문화 등의 장면을 비평적으로 읽어내면서
동시대 정동과 욕망, 정치적 구조를 탐구하고 있다.

인생을 리셋할 수 있다면?

만약 당신이 현재의 기억을 가지고 원하는 과거로 돌아갈 수 있다면, 어떤 선택을 할 것 같은가? 우리는 '과거로 다시 돌아갈 수 있다면, 이번엔 다르게 살 수 있을 텐데'와 같은 상상을 가끔 하곤 한다. 이러한 상상과 소망을 반영하는 최근의 문화적 콘텐츠로 '회귀물'이 인기를 끌고 있다. 주인공이 과거로 돌아가면서 전개되는 판타지 장르로서의 '회귀물'은 2010년대 이후 웹툰과 웹소설, 심지어 이를 원작으로 하는 TV드라마와 시리즈에 이르기까지 다양한 매체를 통해 등장하고 있다.

이 장르는 주인공이 현재의 의식을 고스란히 가진 채로 과거의 자신으로 되돌아간다는 점에서 기존의 시간여행 모티프보다 장르적 확장성을 보인다. 죽음이나 실패, 파멸을 맞은 주인공이 어느 날 갑자기 과거로 돌아가 인생을 다시 시작하면서 과거의 잘못된 선택이나 비극적 운명을 지울 기회를 갖게 되고, 1회차 인생을 살아오면서 습득한 정보와 지식을 바탕으로 2회차 인생의 미래를 바꿔나간다. 그 결과 주인공은 막대한 부, 복수의 성공, 가까운 존재의 구원 등의 보상을 누린다.

판타지 장르가 비현실적인 장치를 통해 현실에서의 문제 해결이라는 욕망을 드러낸다고 봤을 때, 이 지점에서 한 가지 의문을 제기해볼 수 있다. 왜 꼭 과거로 돌아가야만 하는 걸까? 주인공이 현재를 살아가면서 실패와 좌절, 불운 등을 겪더라도, 의지와 노력으로 역경을 극복하는 서사는 고대부터 이어져 오던 모든 서사의 원형적 패턴이지 않았던가? 이 지점에서 우리는 한 장르가 어떤 매체에 정착했는지, 그리고 그 매체의 핵심 소비층이 누구인지를 살펴볼 필요가 있다. 기본적으로 '회귀물' 장르가 웹소설과 웹툰에서 비롯되었다는 점을 비추어보았을 때, 이러한 매체의 주된 소비층인 2-30대 청년 세대의 심리와 정서적 풍경을 반영한다고 유추할 수 있다.

또 다른 특징은 주인공이 '먼치킨' 캐릭터, 즉 실패나 난관에 부딪치며 성장하는 것이 아닌, 모든 문제를 단번에 해결하는 초월적 능력을 지닌 캐릭터로 등장한다는 점이다. 따라서 청년 세대의 취향과 정서에서 '지난한 노력 끝의 성장'과 '인고의 시간'은 더 이상 매력을 얻지 못한다. 반대로 과거로 돌아간 덕에 시작부터 대부분의 능력을 (우연히) 갖춘 주인공이 막힘없이 판을 뒤집는 이른바 '사이다' 결말이 더 큰 호응을 얻고 있다. 경제적, 사회적 불안정성이 극에 달해가는 지금 여기에, 무언가를 차곡차곡 쌓아 올려 성취를 얻는 경험이나, 실패했을 때 다시 일어설 수 있는 가능성이 막막해진 청년 세대가 받을 수 있는 서사적 위로는 인생을 '리셋'하는 방식밖에 없는 것 같다.

잔인한 낙관주의 – 마모를 견디는 삶

그러나 현실에 모든 것을 되돌릴 수 있는 '리셋' 버튼 따위는 존재하지 않는다. 사회적 안전장치와 공동체의 약화, 자본의 자유의 극대화로 특징지어지는 신자유주의 시스템은 21세기에 접어들며 전 세계적 흐름으로 자리 잡았고, 위기를 일상화, 보편화한다. 인간은 인적 자본으로 치환되어 사회적 존재로서의 측면은 약화되고 노동력이라는 쓸모의 잣대로 전락하며, 삶은 항상 생존해야 한다는 위기의 장르로 전개된다. 불안정한 삶을 극복하고 '좋은 삶'을 누릴 수 있는 방법은 오직 나 자신의 능력(돈)뿐이며, 이러한 능력을 위해서 사람들은 끊임없는 자기계발을 통해 위기를 타개해야 한다. 우리는 그 과정에서 '이 과정만 넘기면...'과 같은 희망을 품으며 삶을 일구어내려는 노력을 이어간다.

문제는 이러한 희망, 예컨대 건강한 신체, 경제적·직업적 안정, 부의 축적과 같은 성취가 결코 모두에게 실현 가능한 것이 아니라는 것이다. 청년 세대는 부모 세대가 누렸던 이러한 '좋은 삶'에 대한 환상을 욕망하지만, 불안정성으로 가득찬 세상 속에서 대부분의 이들에게 이러한 희망은 결코 다다를 수 없는 것이며, 결국 좌절되고 만다. 감정연구 이론가인 로렌 벌랜트가 제시하는 '잔인한 낙관주의'는 이렇게 신자유주의가 초래한 일상화된 위기 속에서 좋은 삶에 대한 희망이 역설적으로 그 삶을 파괴하는 상황을 살펴보는 개념이다. 항구적인 위기를 버틸 수 있는 힘은 그러한 '좋은 삶'이 나에게도 도래할 수 있다는 아주 미약한 희망이다. 그러나 '좋은 대학에 가면', '정규직이 되면', '돈을 더 모으면' 이룩할 수 있는 좋은 삶을 위해 현재의 나쁜 삶을 견뎌내는 이러한 낙관은 잔인하다. 그러한 절박한 노력의 끝에 기다리고 있는 것은 좋은 삶에 근접했다는 환상일 뿐이며, 그것을 향한 애착이야말로 우리를 마모시키는 근원이기 때문이다. 벌랜트는 이러한 마모의 과정을 "느린 죽음"이라 명명한다.

앞으로 나아가지 못하고 그저 마모된 삶을 살아가지만 미래에 대한 희망을 놓지 못하는 답보 상태는 청년 세대에게 있어 일상은 나쁜 삶의 재생산일 뿐이다. 이 과정에서 희망은 점차 더 좋은 삶을 향하는 것이 아닌, 덜 나쁜 삶을 향하게 된다. 현실에 대한 불만족이 자신의 몫과 구조적 변화를 요구하는 정치적 목소리로 이어지기보다는 '지금의 나 정도면'이라는 체념의 정서로, 실패자로 낙인찍히지 않으려는 낙관에 머물게 된다. 그리고 분노는 점차 피로의 감정으로 변질된다. 원래 분노는 부정의에 대한 감각이자, 무엇인가 잘못되었다는 신호로 작동한다. 그러나 이 구조 안에서 분노는 우리가 살아내고 있는 시스템을 향해 발화되지 못한 채, 내면으로 침잠하게 되면서 구조적 문제를 개인의 문제로 전치하는 무력감, 또는 특정 집단, 계층에 대한 혐오의 정서로 번지게 된다. 무한 경쟁과 자기계발의 서사 속에서 자신보다 나아 보이는 처지의 누군가는 그 이득을 부당하게 얻은 것처럼 보이고, 자신보다 못한 누군가는 경쟁에서 뒤처진 존재로 폄하하면서 일종의 비교우위를 위한 분노만이 남게 되는 것이다. 그 결과 우리는 서로에게, 그리고 자기 자신에게 조금씩 잔인해진다.

비교의 회로, 소모되는 분노
감정은 애초에 마음속에 따로 저장되어 있는 것이 아니다. 사람과 사람이 부딪히고 스칠 때, 몸의 경계에서 튀어나오는 신호 같은 것에 가깝다. 그래서 우리는 감정을 미리 소유한 채 세계에 나아가는 것이 아니라, 그러한 접촉의 순간에 결정되는 경험과 판단을 감정으로 해석하게 된다. 그리고 그 해석이 적절하다고 느껴지는 이유는, 나와 비슷한 문화 코드를 지닌 사람들도 같은 장면에서 비슷하게 느낄 거라 믿기 때문이다. 이런 식으로 감정은 반복적으로 드러날수록 점점 '당연한' 사회적 태도로 자리 잡는다.

감정이 사회적으로 결정된다는 말은 곧, 오늘의 한국에서 어떤 감정이 '정상'으로 호명되는가가 곧 삶의 규칙이 된다는 뜻이다. 지금의 규칙은 단순하다. 물질적 삶은 분명 나아졌지만, 그것을 성취·유지하기 위해 치르는 대가가 비정상적으로 커졌다는 체감, 즉 시간이 있어도 늘 쫓기고, 실적 압박과 정상궤도에서 언제 탈락할지 모른다는 불안이 상수라는 체감이다. 고도성장의 상승경험이 사라진 저성장기에 진입하면서, 이전의 세대가 이해하던 '좋은 삶'의 경로(좋은 대학→정규직→주거 안정)는 오직 소수에게만 허용되지만, 그 경로가 여전히 유일한 인정 언어로 기능한다. 이 지점에서 청년 세대의 분노 감정은 현실적인 불안정함뿐만 아니라, 내가 이 사회에서 가치 있는 존재로 호명되지 못할 것이라는 위기감에서 발로하는 이중적 구조로 드러나는 것이다.

뿐만 아니라 삶이 개별화되었음에도 다르게 살아도 괜찮다는 개인주의적 가치가 충분히 사회 규범으로 정착하지 못했다는 점에 주목해야 한다. 선택지는 늘어났지만 선택의 안전망과 평가의 다원성이 부실한 탓에 각자의 삶은 곧장 비교의 회로로 흘러들어간다. SNS의 알고리즘은 타인의 성취를 '좋은 삶'의 표준처럼 제시하고, 우리는 그 기준과 나를 비교하며 하루를 살아간다. 취향, 인간관계, 심지어 외모의 기준이 달라도 존중받는 문화가 약하니, 자기 가치의 내부 기준을 세우기보다 외부의 기준에 매달리게 되는 것이다. 결과적으로 분노는 자신의 자리를 위협하는 (것처럼 보이는) 특정 개인, 집단을 향한 질투와 멸시, 그리고 자기비난으로 귀결된다. 이 비교의 심리 구조가 청년의 분노를 소모시키는 장치다. 인정이 희소한 질서에서 다름은 곧 위험으로 해석되고, 위험을 피하려는 마음은 다시 순응과 불안을 키운다.

경쟁에서 존엄으로

그렇다면 과연 청년 세대의 분노라는 것의 실체는 무엇일까? 여기에 단일한 실체를 부여하는 것 자체가 문제임을 인식하는 것이 먼저일 것이다. 청년 세대를 단순히 나이로만 분류하기에는 그 안에 너무나 다양한 양태의 삶들이 존재하기 때문이다. 따라서 '청년'이라는 텅 빈 기표를 채우는 방식이 훨씬 더 다양해져야 한다. 지금 청년을 대표하는 목소리는 대체로 특정 경로(명문 대 졸업, 전문직, 대기업 정규직 등)를 능력의 표준으로 삼는다. 이 '좋은 삶'의 표준이 과잉 대표될수록, 그 경로에서 미끄러진 다수의 삶은 보이지 않게 되고, 공정 담론은 특정 계층의 언어로 좁아진다.

이때 청년의 분노는 더 이상 "누가 더 많이 가져야 공정한가"를 묻는 승자 독식의 경쟁의 말이 아니라, "어떤 구조가 모두의 존엄을 지키는가"를 묻는 사회적 언어가 되어야 한다. 청년이라는 기표가 담지하는 의미의 폭이 넓어질수록 논의의 스펙트럼이 확장되고, 비교의 강박은 완화되며, 다른 삶에 대한 인정의 가능성이 열린다. 모든 분노의 소거는 불가능하며, 그로부터 비롯되는 갈등의 양상을 한 번에 해소할 수 있는 방법 같은 것은 존재하지 않는다. 다만 서로의 존재를 인정하는 가운데 규칙·기준·분배를 두고 논쟁하는 방법은 구성해볼 수 있다.

이들의 분노가 나아가야 할 곳은 단순히 순진한 전통적 가치로의 회귀가 아니다. 그것이 가리키는 문제는 곧바로 생존의 조건과 맞닿아 있으며, 오늘날 곳곳에 축적된 불평등과 분배의 문제를 정면으로 제기하는 현실적 요구가 되어야 한다. 동시에 이는 세대와 사회, 공동체를 새롭게 재구성할 수 있는 가능성으로 작동할 수 있다. 즉, 청년의 분노는 과거로의 회귀가 아니라, 존엄을 중심으로 사회적 기준을 다시 묻고 설계하려는 앞을 향하는 적극적 시도가 되어야 한다. 이미 도래한 파국의 토대 위에서 새로운 가능성을 여는 일은, 무너진 세계의 잔해를 딛고 또 다른 길을 찾아 나서는 서사들의 장면처럼, 파괴 이후에 열리는 작은 문과도 같을 것이다.

분노의 미학

문명은 분노를 억누르기보다 길들이며 발전시켜 왔다. 인간의 공격과 불만은 제도 속에서 다스려졌고, 감정은 예술 속에서 형식으로 변주되었다. 날것 그대로의 감정은 불편하고 거칠지만, 그것이 형상과 질서를 얻어 언어가 되는 순간, 분노는 파괴가 아니라 소통이 된다. 예술과 사회, 그리고 스포츠는 이 '분노의 형상화'를 통해 감정의 언어를 만들어 낸다.

예술이 분노를 형상화하는 방식은 다양하다. 파블로 피카소의 벽화 <Guernica>(1937)는 전쟁의 참상에 대한 시민의 분노를 담은 비명이다. 폭격으로 파괴된 도시의 고통과 분노는 창백한 먹빛 속에서 뒤틀린 형상으로 살아나고, 절규하는 얼굴과 찢긴 말의 울음소리로 언어 이전의 감정을 증언한다. 읊조리듯 노래하는 밥 딜런은 <Masters of War>(1963)에서 전쟁과 무기 산업을 조종하는 권력자들을 향해 도덕적 분노를 조용히 드러낸다. 그의 절제된 목소리는 분노의 불길을 오히려 차갑게 응축시킨다. 반면 영국의 밴드 핑크 플로이드는 내면의 분노를 사운드와 시각 이미지의 서사로 확장한다. <Another Brick in the Wall>(1979)은 억압적인 교육 제도와 사회 규범에 맞서 어린 이들의 합창으로 "Hey, teacher, leave them kids alone!"을 외친다. 핑크 플로이드의 음악 속 분노는 폭발이 아니라 균열이다. 그들은 체제의 균열 속에서 분노의 소리를 찾아내 저항의 리듬으로 승화시킨다.

분노는 예술가 개인의 언어에만 머물지 않는다. 우리는 집단의 분노가 의례를 통해 공동체의 감정으로 확장되는 것을 잘 알고 있다. 광화문 광장에 수백만 개의 촛불이 들렸을 때, 그 빛은 분노의 폭발이 아니라 절제된 항의의 외침이었다. 민주화를 위한 홍콩 시위대의 '우산 혁명'은 경찰의 최루탄과 후추 스프레이 공격을 막기 위해 방어 도구로 우산을 사용하면서 우산의 색상을 통해 보다 명확한 메시지를 표현했다. 타국의 간섭 없는 선거를 요구하는 2014년 홍콩의 시위에서는 비폭력 민주주의를 상징하는 노란 우산을, 2019년 범죄인 인도 법안 반대 시위에서는 저항과 애도의 이중적 감정을 담아 검정 우산을 시각적으로 형상화하여 사용했다. 이처럼 개인의 분노가 불꽃처럼 모여 새로운 형식과 미적 질서를 지닌 집단의 분노로 확장될 때 광장은 스스로 무대가 된다. 발터 벤야민은 〈폭력 비판을 위하여〉(1921)에서 "모든 법질서는 폭력 속에서 생겨난다."고 했다. 새로운 질서와 정의의 언어는 언제나 감정의 폭발 속에서 태어난다는 뜻이다. 그러나 모든 분노가 다 허용되는 것은 아니다. 분노가 진정 예술이 되고 미적 질서가 되려면, 타인을 상처 입히지 않으면서 의미를 낳는 절제와 규율이 필요하다.

스포츠의 세계에서 분노의 감정은 엄격한 규율의 형태로 폭발한다. 격투기나 축구처럼 육체적 충돌이 중심인 경기는 규칙과 심판, 그리고 관객의 응시 속에서 진행되는 분노의 연극이다.

그곳에서 폭력은 훈련된 기술이 되고, 감정은 미학의 언어로 번역된다. 인간은 이렇게 절제와 규율로 본능을 길들이며 함께 살아갈 수 있는 사회를 만들어간다. "분노의 미학"은 분노의 감정을 표현하는 기술이 아니라 감정을 인간적 형식으로 바꾸는 미적 능력이다. 알베르 까뮈는 『반항하는 인간』(1951)에서 "반항은 인간의 위엄을 선언하는 행위이며, 세계에 대한 예(禮)의 다른 형식이다."라고 했다. 진정한 분노는 파괴가 아니라 예의(禮儀)의 다른 이름이다. 인간에 대한 존중과 절제가 깃든 분노야말로 사회를 변화시키는 창조적 감정이다.

박연숙(숭실대학교 베어드학부대학 교수)

분노는 왜 진화했을까?

전중환
경희대학교 후마니타스 칼리지 교수로 재직 중이다.
저서로 『진화한 마음』, 『본성이 답이다』, 『오래된 연장통』이 있다.

"뭘 보는데?" 여러분이 읽고 있는 이 책을 누군가가 홱 낚아채 갔다고 상상해 보자. 아마 여러분은 발끈해서 언성을 높이며 책을 되찾으려고 애쓸 것이다. 그렇다고 그에게 바로 주먹을 휘두를 가능성은 거의 없다. 여러분이 상대방의 도발에 화가 나서 공격 행동을 하려는 순간, 여러분의 뇌가 즉각 제지에 나서기 때문이다. 그거야 당연하다고? 그렇지 않다. 만일 여러분이 침팬지라면, 책을 훔쳐 간 상대에게 다짜고짜 달려들어 묵사발을 만들 것이기 때문이다.

트래비스라는 어른 침팬지가 비슷한 상황에서 취한 행동을 보자. 트래비스는 1995년에 태어나자마자 코네티컷주에 사는 중년 부부에게 입양되었다. 그는 마치 양아들처럼 사랑받으며 지역의 명물로 이름을 날렸다. 2009년 어느 날, 집주인의 친구이자 트래비스와도 익숙한 사이인 찰라 내쉬라는 여성이 방문했다. 아뿔싸, 그녀가 트래비스가 애지중지하던 엘모 인형을 무심코 손에 들고 있는 모습이 트래비스에게 포착되었다. 트래비스는 고함을 지르며 곧바로 찰라를 공격했다. 12분 동안에 찰라의 눈, 코, 입술을 비롯한 얼굴과 손의 일부가 휴지조각처럼 떨어져 나갔고 출동한 경찰이 트래비스를 총으로 사살했다.

인간 본성은 침팬지의 본성과 다르다. 모욕이나 무시당했을 때 촉발되는 분노 정서가 초래하는 결과도 사뭇 다르다. 분노한 사람의 가장 흔한 반응은 상대방과의 말다툼이다. 말이 빨라지고, 목소리가 커지고, 또박또박 말대꾸한다. 반면에, 분노한 침팬지의 가장 흔한 반응은 격렬한 공격 행동이다. 왜 인간은 다른 대형 유인원에 비해 위협에 대처하는 공격성이 많이 감소하게끔 진화했는가는 흥미로운 질문이지만, 이 글이 다룰 범위를 벗어난다.

여하튼, 트래비스의 비극은 분노는 '원래 그런 것'이라는 인식이 잘못되었음을 보여준다. 분노는 전혀 다른 모습일 수도 있었다. 오늘날 우리에게 친숙한 분노 정서는 수십, 수백만 년 전 인간 조상의 번식에 도움이 되게끔 자연선택이 공들여 '설계한' 인간 고유의 심리적 적응이다(자연 선택에 의한 진화는 어떠한 의도나 목표도 없는 맹목적인 과정이다. 독자의 이해를 돕고자 잠시 의인화했다). 분노는 어떠한 적응적 문제를 잘 해결했기에 먼 조상들의 번식에 기여했을까?

분노는 상대로부터 더 좋은 대접을 받아내게끔 진화했다.
애니메이션 영화 〈케이팝 데몬 헌터스〉에서 루미는 길거리에서 진우와 어깨를 부딪쳐 꽈당 넘어진다. 들고 있던 한약팩이 산산이 흩어진다. 진우는 넘어진 루미에게 손을 내밀어 일으켜주긴커녕, 차갑게 내뱉는다. "아이 씨... 조심 좀 해." 뒤돌아 사라지는 진우의 등 뒤로 화가 난 루미가 고함친다. "뭐? 조심? 야! 너나 조심 좀 해!"

인류의 진화 역사에서 남들로부터 존중받는 일은 대단히 중요한 과제였다. 만약 누군가가 나를 귀중한 친구나 동료로 인정한다면, 그는 나를 도와주고, 내게 관심을 쏟고, 내 의견을 따르고, 내게 이유 없이 손해를 끼치지 않고, 내가 분쟁에 휘말리면 기꺼이 내 편이 되어줄 것이다. 이 모두는 먼 과거의 수렵-채집 환경에서 내 번식 성공도를 높여준 지렛대였다. 반면에, 누군가가 나를 별 볼 일 없는 사람으로 취급한다면, 그는 넘어진 내게 손을 내밀어주는 사소한 친절도 베풀지 않을 것이다.

진화심리학자 아론 셀은 분노는 상대방으로부터 더 좋은 대접을 받아내게끔 자연 선택이 '설계한' 정서라고 제안했다. 내가 상대에게 바라는 정도보다 상대가 나의 안녕을 별로 신경 쓰지 않음이 포착되었을 때, 분노를 터뜨려서 상대가 나의 안녕을 더 중시하게 했던 조상이 더 많은 자식을 후대에 남길 수 있었다. 한 마디로, 분노의 진화적 기능은 상대방 머릿속에 있는 내 가치의 조절 스위치를 내가 바라는 수준까지 밀어올리기다.

분노에 대한 기존의 이론은 분노를 상세히 기술하거나("분노는 외부의 위협에 대한 공격적 반응이다."), 분노를 다른 대상에 비유하고서("분노는 심적 압력을 배출하는 증기기관이다.") 분노에 대한 인과적 설명이 어느새 끝났다고 믿는 경향이 있다. 반면에, 분노가 어떤 특정한 진화적 기능을 수행하게끔 만들어졌다고 제안하는 이론은 분노가 정말로 그 기능을 정교하고 효율적으로 해내는 데 필요한 여러 설계상 특질을 지니는지 검증함으로써 가설의 타당성을 판가름할 수 있다. 분노의 재조정 이론대로, 과연 분노가 상대방으로부터 더 나은 대우를 받아내고자 협상하게끔 정교하게 '설계되어' 있는지 살펴보자.

분노는 상대가 나의 가치를 낮게 매겼음을 알았을 때 촉발된다

재조정 이론에 따르면, 분노를 촉발하는 요인은 상대방이 나의 가치를 내 기대보다 낮게 매기고 있음을 알려주는 상황이다. 다친 친구가 내가 벗어둔 옷으로 피를 닦는 바람에 내 옷을 버리게 되었다고 상상해 보자. 이처럼 상대방이 나에게 손실을 입혔을 때, 분노의 정도는 세 가지 변수에 달려 있으리라고 예측된다. 내가 당한 손실의 크기("옷을 얼마 주고 샀는가?"), 덕분에 상대방이 얻은 이득의 크기("다친 상황이 얼마나 위급했는가?"), 그리고 상대방이 나를 콕 집어서 피해를 줬는가다("다른 이가 벗어둔 옷도 옆에 있었는가?").

셀은 아마존 지역의 수렵-채집민인 슈아르족을 포함하여 여섯 개 문화권의 현대인을 대상으로 분노의 정도가 체계적으로 달라지는지 실험하였다. 예측대로, 내가 당한 손실이 클수록, 상대가 얻은 이득이 적을수록, 그리고 상대가 자기 행동으로 피해를 볼 당사자가 나임을 알았을 때일수록 더 큰 분노를 느꼈으리라고 실험 참여자들은 답하였다. 예를 들어, 상대가 코 파다가 난 피를 닦는 용도로 내 옷을 버려 놨다면, 상대가 칼에 찔린 상처를 급히 지혈하는 용도로 내 옷을 버려 놨을 때보다 더 부아가 치밀어 오르는 법이다.

협상 능력이 큰 사람은 분노를 자주 터뜨리는 경향이 있다

분노가 상대로부터 더 좋은 대접을 받아내고자 협상하기 위한 목적으로 진화했다면, 분노를 터뜨리는 성향은 어디까지나 그 사람의 협상 능력에 의해 제한될 것이다. 협상 능력이 큰 사람은 남들로부터 더 나은 대우를 당당히 요구할 수 있다. 따라서 남들과 조금이라도 시비가 붙으면 더 쉽게 분노하리라고 예측된다. 반면에, 협상 능력이 적은 사람은 시비가 벌어졌을 때 바로 화를 내기보다는 애써 무시하거나, 꾹 참거나, 원한을 품는 등 다른 전략을 구사하리라 예측된다. '똥이 무서워서 피하나, 더러워서 피하지'라고 중얼거리면서 말이다.

인류의 진화 역사에서 남성의 협상 능력은 싸움이 벌어졌을 때 상대를 쓰러뜨릴 수 있는 신체적 힘(특히 상체 근력)에 크게 기대었다. 일반적으로 남성은 여성보다 약12~15% 더 무겁지만, 여성은 체지방이 더 많아서 근육량만 따지면 훨씬 더 차이난다. 남성은 여성보다 근육량이 약 61% 더 많고, 이 차이는 주로 상체에 몰려 있다. 상체 근육이 내는 힘을 비교하면, 남성은 여성보다 90%나 더 강하다. 이러한 성차는 남성들은 배우자를 얻기 위한 동성 간의 신체적 경쟁에 더 내몰리게끔 진화했기 때문이다.

그러므로, 분노의 재조정 이론에 따르면 상체 근력이 강한 남성은 상체 근력이 약한 남성에 비하여 별것 아닌 일에도 자주 화를 내고, 과거에 누군가를 힘으로 제압한 경험이 더 많고, 국가 간의 분쟁에서도 무력 사용을 더 지지할 것이다. 이상의 예측은 미국 대학생, 스위스 청소년, 직업 운동선수, 아프리카의 수렵-채집민 아카족 등 여러 사회에서 확인되었다.

요약해보자. 남들로부터 존중받기는 소규모 사회에서 수렵-채집을 했던 조상 인류의 번식 성공도를 크게 좌우한 관건이었을 것이다. 그 결과로, 상대로부터 더 나은 대접을 받고자 흥정을 벌이는 심리적 적응, 곧 분노가 자연 선택되었다. 지면 관계상 다 다루지 못했지만, 분노가 이러한 진화적 기능을 수행하게끔 자연 선택에 의해 정교하게 '설계'되었음을 입증하는 증거는 위에서 다룬 것들 외에도 많다. 예를 들어, 분노하면 우리는 두 눈을 부릅뜨고, 코를 넓히고, 눈썹뼈를 내리고, 입술을 앙다무는 표정을 짓는다. 왜 이런 식으로 분노 표정을 지을까? 최근의 한 연구는 상대를 똑바로 보고, 산소를 많이 들이마시고, 양 이빨로 상대를 꽉 물어서 놓지 않을 것임을 과시하기 위한 선전이라고 제안했다. 그렇게 깊은 뜻이!

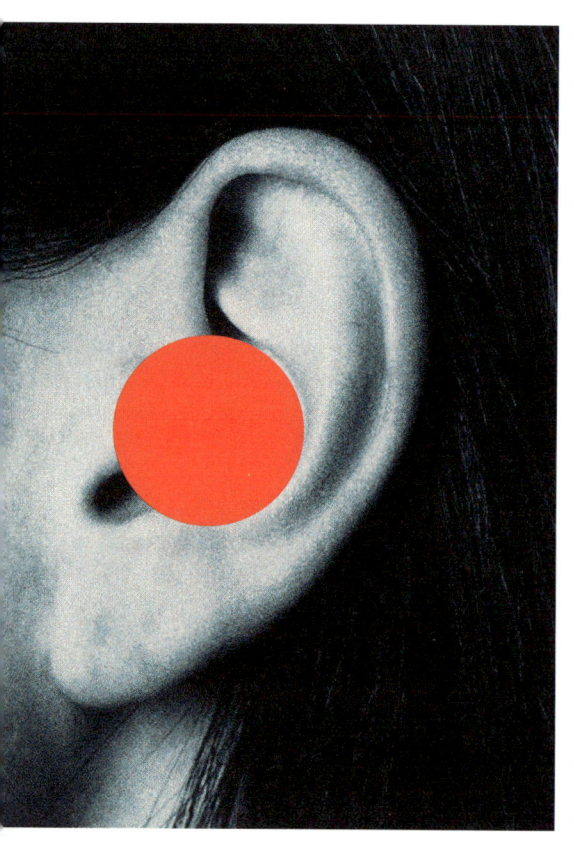

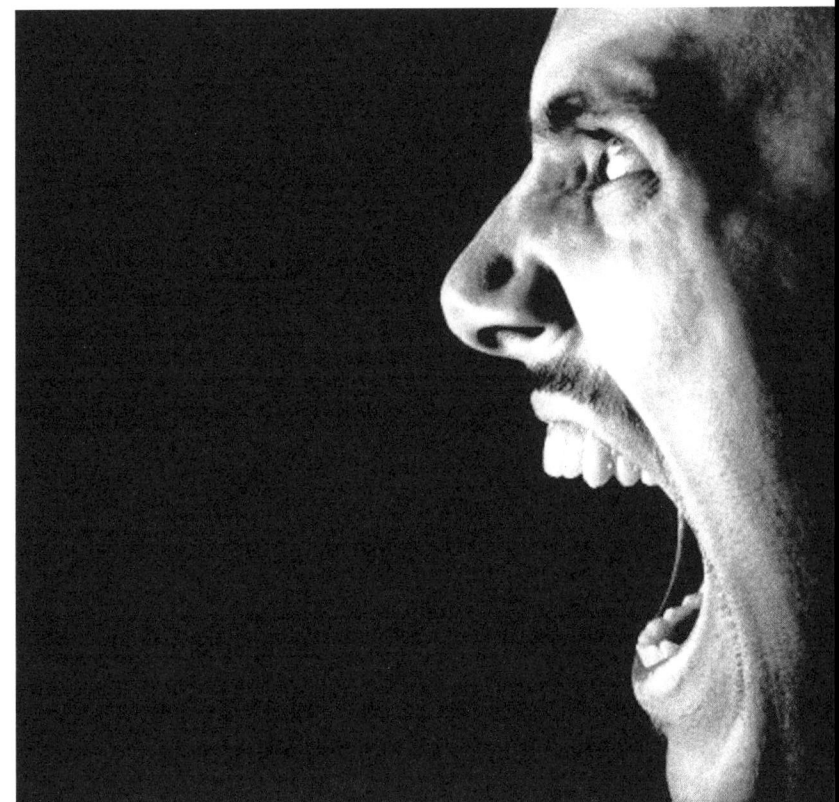

화의 심리학
: 나를 향한 감정의 미로

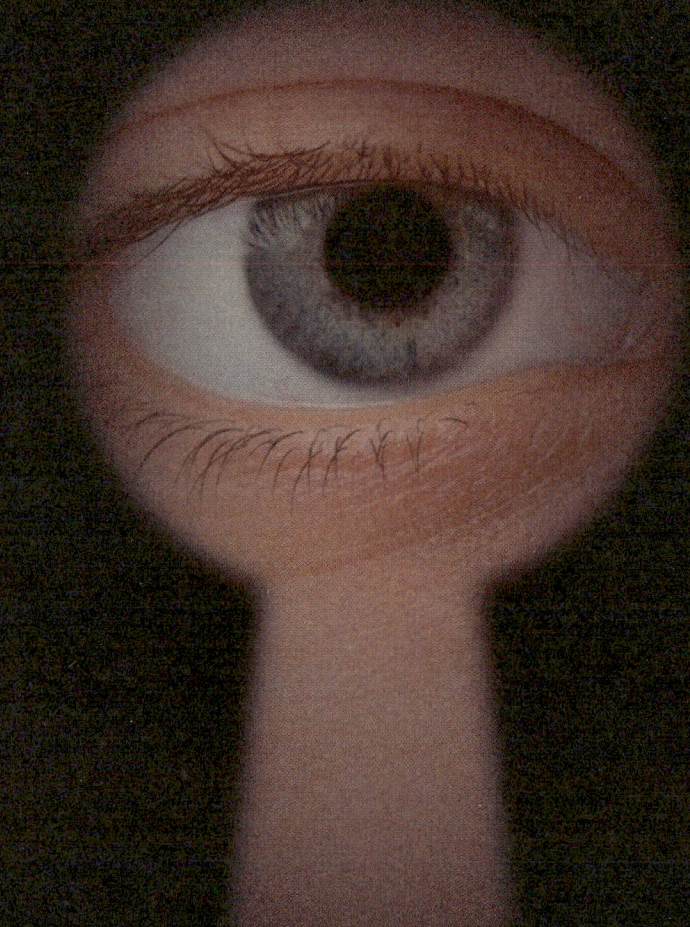

김이후
신문사에서 사회부, 문화부 기자로 일한 뒤
현재는 프리랜서 기자로 일하며 대학원에서 상담심리학을 공부하고 있다.

얼마 전 한 카페에 방문한 손님이 겪은 사연이 방송과 온라인에서 뜨거운 화제가 된 적이 있었다. 손님 A는 지인과 아이 여러 명을 데리고 해당 카페를 찾았다. 카페에는 '1인 1음료'라는 규정이 있었지만, A는 "아이들이 음료를 다 마시지 못하니 대신 빵을 사도 되겠느냐"고 물었다. 이에 직원은 "오늘만 특별히 그렇게 해 드리겠다"며 요청을 받아들였다.

A 일행이 자리에 앉아 음료가 나오기를 기다리던 중, 카페 사장이 다가와 "당신들에게는 음료를 팔 수 없다. 당장 환불해 주겠으니 나가라"고 말하며 눈앞에서 영수증을 찢고 환불 처리한 뒤 그들을 내쫓았다고 한다. A가 환불 영수증을 요구했으나 받지 못했고, 카페를 떠나는 이들을 향해 사장은 소금까지 뿌렸다고 한다. A는 이 일을 방송에 제보하며 카페 사장을 상대로 모욕죄와 재물손괴죄로 소송을 제기하겠다고 밝혔다.

사연이 방송에 공개되자 온라인에서는 갑론을박이 이어졌고, 목격자의 증언도 댓글로 달렸다. 목격자에 따르면, A 일행은 자리에 앉아 음료를 기다리며 카페의 '1인 1음료' 규정을 비난하면서 "이 카페에 부정적인 후기를 남겨야겠다"는 대화를 나눴으며, 이 대화가 사장의 귀에까지 들어간 것으로 보였다. 사장으로서는 카페의 원래 규정과 달리 예외를 허락했음에도 불구하고, 자신의 귀에 들릴 만큼 부정적인 평가를 논하는 모습을 보고 격분해 그들을 내쫓았던 것이었다.

한국 사회에는 이런 사연들이 넘쳐난다.

불교에선 분노를 '화가 난 사람이 상대를 향해 던지려고 불 속에서 끄집어낸 석탄 덩어리'에 비유한다. 남에게 던지기 전에 자신이 먼저 손을 데는 것이라고 가르치지만, 진화심리학에서 분노는 인간에게 필수적이고 적응적인 감정이라고 본다. 인간의 목적은 생존과 번식이다. 인간의 생존이나 번식이 위협당할 때 즉각적으로 분노의 감정이 솟구쳐서 아드레날린이 분비되어야 그 상황에서 싸우고, 쟁취하고, 이길 수 있다. 누군가 내 밥그릇을 훔쳐가거나 내 배우자와 바람을 피우는데 분노가 솟구치지 않는다면, 인류는 오래전에 멸종했을 거라고 진화론은 말한다. 특히 독재를 경험한 한국 사회에서 '분노'라는 감정이 없었다면, 우리는 아직도 독재정권 아래에서 신음하고 있을지도 모른다. 전 국민의 분노 덕분에 독재정권을 끝냈고, 국정농단을 일으킨 대통령을 탄핵했으며, 계엄의 위협으로부터 나라를 지켜냈다.

투사, 전이, 그리고 나르시시즘

하지만, 모든 분노가 정당하고 정의롭다면 우리 삶이 이렇게 고단할 리가 없다. 많은 경우, 분노는 심리적 '투사'인 경우가 많다. 심리학에서 '투사'(Projection)란, 자신의 마음을 상대의 마음이라고 재단해버리는 현상이다. 예를 들어, 회사 동료가 오늘 아침에 나를 보고 인사도 하지 않고 지나갔다고 하자. 평소 열등감이 강한 사람이라면 '저 사람이 나를 무시한다'고 화가 날 것이고, 평소 눈치를 많이 보는 사람이라면 '내가 뭘 잘못했나' 하며 불안해할 것이다. 반면, 자존감이 높은 사람이라면 '저 사람이 나를 못 봤나 보다' 하며 넘길 것이다. 그 중 어느 것이 진실인지는 상대가 솔직하게 말해주지 않는 한 알 수 없지만, 우리는 각자 자기식대로 해석하고 그 해석을 사실로 믿는다.

분노는 이런 '투사'의 결과일 때가 많다. 실은 내가 상대를 싫어하거나 미워하면서, 상대가 나를 싫어하거나 미워한다고 믿어버리는 것이다. 이런 투사가 일어나면, 상대의 모든 행동이 '나를 미워하기 때문에 하는 행동'으로 보이게 된다. 그러니 화가 날 수밖에 없고, 결국은 화를 내게 된다. 즉, 내 안의 분노를 상대에게 투사하는 순간, 결국 그 분노는 현실에서 실제로 경험하게 되는 메커니즘이 작동한다. 정신분석가 멜라니 클라인은 이를 두고 "투사된 분노는 외부 대상을 박해자로 만들고, 이는 피해망상적 불안의 기초가 된다"고 지적했다.

또 분노는 '전이'의 형태로 나타나는 경우도 많다. '전이'(Transference)란 어린 시절 자신에게 중요한 대상이었던 사람에게 품었던 감정을 다른 사람에게 똑같이 느끼는 현상이다. 프로이트는 "전이는 과거의 감정, 특히 분노와 적대감이 새로운 인물에게 재현되는 과정"이라고 말했다. 통제적이고 강압적인 아버지에게 분노를 품고 자란 사람은 성인기에 상사나 선배, 손윗사람에게 그 분노를 반복적으로 경험한다. 어머니에게 상처나 분노를 품었던 사람은 연인이나 배우자에게 계속 복수하는 삶을 살기도 한다.

하지만 요즘 한국 사회에서 가장 자주 목격되는 것은 '자기애성 분노'다. 인간은 누구나 자신이 조금은 특별하고 귀하며 선하다고 믿는 자기애적 경향이 있다. 그렇다고 모두가 나르시시스트인 것은 아니다. 그 정도가 지나쳐 과시적이고 오만하며 안하무인인 수준에 이르면 '나르시시스트'로 분류된다. 이들이 자신의 비대한 자아상에 조금이라도 손상을 입었을 때 나타내는 폭발하는 감정을 '자기애성 분노'라고 한다. 별일 아닌데 소리를 지르고 뺨을 때리고 무릎을 꿇리는 등의 사건으로 사회 면을 장식하는 재벌 2세나 권력층이 바로 그 전형이다.

이들은 엄밀히 말하면 '외현적 나르시시스트'(Overt Narcissist)다. 자기중심성과 이기성, 공감 능력의 결여, 타인에 대한 착취적 태도가 노골적으로 드러난다. 이들은 상대나 상황이 자신의 기대에 미치지 못하면 바로 격분하며, 그 격분은 폭언과 폭행으로 직행한다. 외현적 나르시시스트는 무조건 피해야 한다. 그들은 언제든 터질 수 있는 시한폭탄이기 때문이다.

문제는 '내현적 나르시시스트'(Covert Narcissist)다. 사회에서 존경받는 어른, 이름난 학자, 사회운동가 중에도 이 유형이 적지 않다. '내현적 나르시시즘'이란 겉으로는 겸손하고 온화해 보이지만, 내면 깊숙이에는 '나는 굉장히 특별하다'는 믿음을 품고 있는 경우를 말한다. 그래서 '숨은 나르시시즘'이라고도 불린다. 특히 이들 중에는 '나는 남들보다 올바르고 선하며 정의롭다'는 도덕적 나르시시즘을 가진 경우가 많다.

이들은 평소에는 올바르고 선하고 정의로운 삶을 추구하기 때문에 좋은 사람으로 보인다. 하지만 '자신이 남들보다 도덕적으로 우월하다'는 자기 이미지에 균열이 생기는 순간, "감히" "어디다 대고!" "내가 누군 줄 알고!"와 같은 말이 자신도 모르게 튀어나온다. 이런 유형은 평소에는 자기애적 성향을 잘 억압하다가 주취 사고를 일으킬 때 이런 표현이 잘 동반된다.

외현적 나르시시스트에 대해선 모두가 그가 나르시시스트라는 것에 동의하지만, 내현적 나르시시스트에 대해선 사람들의 평가가 엇갈리는 경우가 많다. 누군가는 경험하고, 누군가는 경험하지 못하기 때문이다.

분노의 방향, 내면의 역동

상대가 진짜 겸손한 사람인지, 아니면 숨은 나르시시스트인지 구별하는 리트머스지가 있다. 그것은 토론이나 회의에서 자신과 다른 의견을 대하는 태도다. 반대 의견에 대한 태도야말로 나르시시즘의 정확한 척도다. 반대되는 의견을 자기 생각을 더 풍성하고 정교하게 만들어주는 기회로 생각하는 사람은 건강한 내면의 소유자다.

반면, 나르시시스트는 반대 의견을 '내가 가장 옳고 정의롭다'는 자아상에 흠집을 내는 공격과 가해로 받아들인다. 대놓고 화를 내는 사람도 있지만, '저 사람은 앞으로 상대하면 안 되겠군' 하며 거리를 두거나, 뒷말을 통해 은근히 '왕따'시키거나 무리에서 배제되도록 권력을 행사하기도 한다. 성격심리학자 시어도어 밀론은 "자기애적 분노는 타인을 공격하거나 관계를 단절하는 방식으로 드러난다"고 말했다. 대부분의 분노는 이렇듯 외부 상황보다는 자기 안의 역동과 관련이 있다. 칼 로저스는 이렇게 말했다. "분노를 이해하는 길은 타인을 비난하는 것이 아니라 자기 안에서 그 감정이 무엇을 의미하는지 탐구하는 데 있다." 결국 자기분석만이 분노를 제대로 처리하고 다루는 길이다.

그나저나 카페 주인과 손님의 화는 투사였을까, 전이였을까, 자기애성 분노였을까? 그들이 진짜 화가 난 대상은 누구였으며, 진짜 화가 난 이유는 무엇이었을까?

분노에서
복수를 걷어내기

강경희
누스바움의 감정론을 철학상담에 접목하는 연구를 했다.
철학상담사로 활동하며, 실천이성과 도덕감성으로 균형잡힌 삶의 실현을 연구하고 있다.

분노는 누구나 일상에서 흔하게 경험하는 감정 중 하나다. 계획하고 추진했던 일이 뜻하지 않은 난관에 부딪혔을 때, 운전 중 갑자기 끼어드는 차로 인해 위협을 느낄 때, 상사의 지시가 부당하다고 생각하지만 그 일을 수행해야 하는 입장에 있을 때, 어떤 모임에서 일부가 일방적으로 의사 결정을 할 때 등에서 때로는 격렬하게 때로는 은근하게 분노를 경험한다.

몇 년 전 동문들과 모임이 있었다. 그 중 다섯 명이 학교에서 만나 모임 장소로 함께 이동하기로 약속했다. 그런데 약속 시간이 거의 다 되었을 때 단체 채팅창에 모임의 대표가 나를 향해 이런 글을 올렸다. "선생님은 혼자 오세요." 앞뒤 설명이 없는 일방적인 통보였다. 당황한 나는 다른 분에게 전화를 했고 사정을 들었다. 그러나 따돌림을 당했다는 생각에 화가 났다. 모임에 참석하기는 했으나 화가 가라앉지 않았다. 모임 중에도 모임 후에 집에 돌아와서도 여러 생각이 나를 괴롭혔다. 대수롭지 않은 일로 여길 것인지, 나에 대한 부당한 대우임을 지적하고 사과를 요구해야 할지 고민이 되었던 것이다. 나는 분노하고 있었다.

왜 우리는 그렇게까지 화가 나는가

분노와 같은 감정은 여러 철학자들이 고민한 주제이기도 하다. 아리스토텔레스에 따르면 분노는 두 층으로 된 감정이다. 첫째, 나 혹은 주변 사람에게 부당한 무시나 심각한 손해가 가해졌다고 '판단'할 때 생기는 고통이 있고, 둘째, 그 고통을 복수로 되갚고자 하는 열망이 뒤따른다. 스토아학파의 언어로 옮기면, 분노는 현재의 악에 대한 고통(부당한 피해로 인한 괴로움)과 미래의 선에 대한 욕구(고통을 되갚았을 때 얻는 쾌락)가 결합된 상태다. 요컨대 분노의 인지적 구성요소는 부당함의 판단, 무시/심각한 손해의 인식, 그리고 복수 욕구다.

이제 분노를 구성하는 요소들을 하나씩 살펴보자.

첫째, 부당함이다. 내가 겪은 일이 부당하다고 느낀다는 것은, 동시에 이 일이 이렇게 되었어야 한다는 나름의 정당한 기준이 마음속에 존재함을 뜻한다. 다시 말해, 분노 속에는 이미 '정당함'과 '부당함'을 가르는 판단의 틀이 들어 있다.

둘째, 손해의 심각성에 대한 판단이다. 내가 입은 피해가 단순한 실수가 아니라 심각한 손해라고 여길 때, 분노는 더 깊어진다. 물질적 손해는 눈에 보이고 배상으로 보완될 수 있지만, 정신적 손해는 훨씬 복잡하다. 특히 '무시당했다'는 경험은 존중받고자 하는 인간의 근원적 욕구를 정면으로 건드린다. 이때의 상처는 크기를 헤아리기 어렵고, 그 자체로 이미 심각하다.

셋째, 복수의 욕구다. 분노는 손해로 인한 고통을 없애기 위해, 자신이 입은 피해만큼 상대에게 되돌려주려는 열망을 동반한다. 바로 이 복수의 욕구가 분노를 행동으로 밀어올리는 힘이다.

위에서 언급한 나의 사례를 적용해보자. 나는 예정된 일을 변경할 때는 관련 당사자에게 그 이유를 설명하고 동의를 구하는 것이 마땅하다고 생각한다. 그것이 상대를 존중하는 방식이기 때문이다. 따라서 설명 없는 일방적인 통보는 상대를 존중하지 않는 부당한 일이다. 이로 인해 내가 받은 물질적 손해는 없으나 내가 무시당했다는 생각이 들었으므로 그 자체로 심각한 손상이다. 나를 괴롭히는 고민은 복수의 방법에 관한 것이었다. 이 고민이 사라지지 않는 한 내 안에서 싹을 틔운 분노는 자라나기 시작할 것이고 어느 순간 불같이 일어날 수도 있다. 분노가 불같이 일어나는 것을 방지하기 위해서는 '부당하다는 판단'과 '복수의 욕구'를 분리하고, 복수 대신 내 행복에 정말 중요한 것이 무엇인지로 관점을 돌려야 한다. 이것이 마사 누스바움이 제시하는 분노 조절의 해법이다. 그것이 어떻게 가능한가?

분노를 다르게 바라보기

누스바움은 복수욕에 내포된 생각의 비합리성을 지적하며 행복한 삶을 향한 건설적인 방법으로 이행-분노(Transition-Anger)를 제안한다. 그에 따르면 복수욕에는 두 가지 길이 있다. 하나는 인과응보의 길(road of payback)이다. '눈에는 눈, 이에는 이'에서 제시하듯이 내가 당한 고통만큼 상대방에게 고통을 주어 손해를 보상 받아 잘못을 바로잡겠다는 욕구다. 만약 그렇게 하지 않는다면 나의 고통이 해소되기 어렵고 부당한 행위를 계속 당할 수 있으며, 나는 당하기만 하는 무력한 존재가 될 수 있다는 생각이 이 욕구의 이면에 놓여 있다. 그런데 이것이 나의 고통을 사라지게 하고 잘못을 바로잡는 방법이 될 수 있을까? 내가 고통을 당한 만큼 돌려주지 않으면 나는 무력한 존재가 되는 걸까? 누스바움은 인과응보에 내포된 생각을 비합리적 소망에 근거한 '마술적 사고'라고 한다. 타인에게 고통을 가하는 것이 자신의 고통을 해소하는데 필요하지도 충분하지도 않을 뿐만 아니라, 잘못을 바로잡거나 자신이 무력한 존재가 아님을 증명하는 타당한 방법이라고 보기도 어렵다는 것이다.

다른 하나는 지위의 길(road of status)이다. 이것은 내가 무시당했다는 생각이 지배적일 때 상대의 지위를 깎아내려 자신의 지위를 회복하려는 충동

을 가리킨다.

이런 상황에서 생각의 흐름은 종종 이렇게 가속된다. "나는 무시당했다 → 상대가 나를 모욕했다 → 그것은 고의적이다 → 그러니 나도 상대를 깎아내려야 한다." 이러한 논리는 사건이 벌어진 상황의 맥락, 상대의 처지 등을 배제하고 '내가 모욕당했다'는 사실만을 중심에 둔다. 결과적으로 상대적 지위에만 과도하게 매달리며 다른 요인들은 간과하게 된다. 이는 자신의 위치와 위신에만 초점을 맞추는 성향으로, 자기애적 특성의 한 발현이라 볼 수 있다. 누스바움은 이를 지위-분노라고 부르며, 개인이 느끼는 불안과 취약성에서 비롯된다고 분석한다. 예컨대 원하지 않는 은퇴를 앞둔 시기나 프로젝트에서 기대만큼 성과를 내지 못해 불안한 상태일 때, 누군가의 한마디는 지위-분노를 쉽게 증폭시킬 수 있다. 그 근저에는 상대를 깎아 자신의 지위를 되찾고 통제감을 회복하려는 욕구가 있다. 인과응보의 길이나 지위의 길은 상대에게 고통을 주어 나의 고통을 해소하는 것이 과거의 잘못을 바로잡는 방법이라는 생각을 반영한다. 그런데 그 길이 실제로 기대했던 바를 실현하는 데 도움이 되는 걸까? 과거의 잘못을 바로잡아야 한다는 생각 자체에 문제가 있는 것은 아니다. 다만 내가 손해를 입었고 무시당했다는 판단에 매몰되어 미래지향적인 건설적 사고가 가로막힌다는 것이 문제다. 누스바움은 이 두 길 모두 비합리적 소망에 근거하며 자기중심적인 사고에 집중한 결과라고 진단한다.

분노를 다른 길로 돌리는 연습

자기중심적 사고는 우리가 살아가는 시대에 만연한 현상으로 보인다. 기술의 발달이 자연스러운 인간 진화의 속도보다 지나치게 빨라지면 외적 조건과 내면의 격차가 벌어지고, 불안과 두려움이 커진다. 두려우면 마음이 좁아지고, 불확실성이 증가하면 자신의 당면 문제에 집중하면서 나르시시즘을 강화하는 방향으로 생각이 흘러간다. 응보적 분노가 주도하는 사회적 분위기는 이런 현상을 반영한다고 볼 수 있다.

분노에서 복수 욕구를 분리할 수 있다면, 분노를 삶을 개선하는 동력으로 전환할 가능성이 열린다. 분노가 일어난다는 것은 무언가가 잘못되었다는 신호다. 이 신호는 부당한 행위를 바로잡으려는 정의 추구에 동기를 부여하며, 적절한 분노의 표출은 타인이 권리를 침해하지 못하도록 억제하는 효과도 낸다. 따라서 분노를 복수로만 연결시키지 않고, 내가 소중히 여기는 것을 지키기 위해 상황을 개선하는 쪽으로 관점을 돌리면 건설적인 변화를 만들 수 있다. 이것이 마사 누스바움이 제시하는 이행-분노의 길이다.

누스바움은 분노 속의 '부당함 판단'과 '복수 욕구'를 분리한 뒤, 복수 대신 미래 지향적 선택을 하라고 권한다. 흔한 복수의 방식은 상대의 지위를 깎아내리거나 상대에게 고통을 돌려줘 손해를 보상받으려는 것이다. 하지만 그런 방식 대신 잘못을 고쳐 앞으로 같은 피해가 반복되지 않도록 개선에 힘쓴다면, 그 결과는 나에게도, 상대에게도, 나아가 사회 전체에도 이로운 방향으로 작용할 것이다.

감정은 우리가 무엇을 소중히 여기는지를 알려주는 시금석이며, 마음의 나침반은 궁극적으로 행복을 향해 있다. 행복을 바라는 사람은 자신과 타인을 파괴로 몰아넣는 복수에 에너지와 시간을 낭비하지 않는다. 화가 치밀어 오를 때, 내가 지금 무엇을 원하는지를 생각해 봐야 한다며 자신을 다독여보자. 부당한 행위를 바로잡아야 한다는 정의감의 실현인가, 아니면 내가 당한 고통을 되갚아 주어야 겠다는 복수욕의 충족인가? 정의감은 나와 공동체에 이로운 방향으로 나아가지만, 복수욕은 결국 서로를 파괴하는 길로 이어진다. 우리는 더 나은 선택을 할 수 있는 기회와 능력이 있고, 어떤 길을 선택할지는 오롯이 자신의 몫이다.

교실에서는 분노를 어떻게 배워야 할까

미하리노스 젬빌라스 Michalinos Zembylas

Open University of Cyprus와 Nelson Mandela University의 교수이다.
감정과 정동을 사회정의 교육, 문화 간 교육과의 연관 속에서 폭넓게 연구하고 저술해오고 있다.

분노를 금지하지도, 미화하지도 않기

사회적 불의와 맞서는 과정에서 분노는 때로 악마화되고, 때로는 찬양의 대상이 된다. 몇몇 정치이론가와 철학자들은 분노가 효과적이지 않을 뿐 아니라 역효과를 불러와 적대와 불신을 조장하므로 피해야 한다고 주장한다. 반면 다른 이들은 분노가 정치적으로 중요한 감정이며 불의에 대한 정당한 반응이기에, 억압에 맞서 분노를 표현하는 것이 타당하다고 말한다.

정치적 행동과 저항을 촉발하는 정서로서 분노의 중요성은 오래전부터 철학과 정치이론에서 인정되어 왔다. 아리스토텔레스는 분노를 불의에 대한 적절한 반응으로 보되 그 힘이 위험할 수 있으므로 올바르게 표현되어야 한다고 경고했다. 한편 동서양의 여러 사상가들은 불의한 상황에서도 분노가 도덕적 파괴성을 낳을 수 있음을 지적하며 그 사용을 경계해왔다.

아르헨티나의 철학자 루고네스는 분노를 소통적 분노와 비소통적 분노로 구분한다. 소통적 분노는 억압자에게 닿는 것을 목표로 하는 도덕적·정치적 호소로, 항의하고 불의를 문제 삼으며 손상된 시민적 관계의 회복을 요구한다. 반면 비소통적 분노는 루고네스가 말한 '다루기 힘든 분노'로, 억압적 세계에서 분노가 받아들여지지 않는 상황에 좌절해 분노의 대상과 소통하려는 관심 자체를 잃어버린 이들의 반응이다. 루고네스의 분석에서 중요한 통찰은 두 가지다. 첫째, 우리의 분노는 전적으로 개인의 것이 아니며 우리가 속한 세계와 정동의 역사에 의해 부분적으로 형성된다는 점이고, 둘째, 저항적 분노는 억압과 불의의 경험에서 나오는 독특한 인식적·정동적 가치를 지니며, 억압받는 자와 억압자 모두에게 유의미한 정보를 제공할 수 있다는 점이다.

학술적 담론이나 시민교육 현장에서 분노를 논할 때도, 분노를 단순히 위험의 순환으로만 환원하지 않고 대안적 자원으로 작동시킬 가능성에 주목하는 일은 드물다. 분노는 저항 공동체를 만들고 유지하는 데 핵심적인 역할을 하기 때문에 이는 아쉬운 일이다. 물론 그렇다고 해서 끊임없이 화를 내거나, 특히 교실에서 해로운 방식으로 분노를 표출하자는 말은 아니다. 다만 억압받고 주변화된 공동체가 변혁적 기획으로 나아가려면 집단적 분노를 적절한 자원으로 유지하는 일이 중요하다. 그렇다면 불의에 대한 분노의 표현은 언제, 그리고 어떤 경우에 역효과를 낳는가? 그리고 사회와 교육 현장에서 허용될 수 있는 분노의 표현 방식은 무엇인가?

분노가 알려주는 것: 불의의 지도 그리기

분노 표출에 대한 대표적 비판 중 하나는, 그것이 오히려 역효과를 낳는다는 주장이다. 분노는 문제 해결에 기여하기보다 사회적 갈등을 심화시키고 대립을 고착화할 위험이 있다는 것이다. 이런 문제의식은 고대로 거슬러 올라간다. 아리스토텔레스는 분노의 적절한 표현을 강조하면서도 그 힘을 경계했고, 세네카는 분노가 인간의 도덕적 목적과 근본적으로 충돌한다고 보았다. 오늘날 이러한 맥락에서 가장 널리 알려진 비판자는 마사 누스바움이라 할 수 있다.

누스바움은 분노를 본질적으로 보복 욕구를 내포한 감정으로 규정하며, 이를 아리스토텔레스적 틀 안에서 설명한다. 그녀에 따르면 사회는 보복 욕망을 중심으로 한 '분노의 도덕경제'에서 벗어나, 법을 기반으로 한 '정의의 도덕경제'로 이행할 수있는 장치를 필요로 한다. 이 과정에서 분노는 필연적으로 뒤에 남겨져야 한다. 누스바움에게 분노는 정의를 증진하는 메커니즘이될 수 없기 때문이다. 대신 그녀는 마틴 루터 킹 주니어, 간디, 넬슨 만델라와 같은 혁명적 인물들의 비폭력적 삶을 예로 들며, 그들의 실천이 억압받는 이들의 자유를 위한 새로운 가능성을 열었다고 본다.

반면 스리니바산은 설령 분노가 때로 역효과를 낳는다 하더라도 그 자체로 묵살해서는 안 된다고 주장한다. "이 분노가 비록 비생산적일지라도 여전히 정당한가?"라는 질문을 던져야 한다는 것이다. 그에게 분노의 적합성을 판단하는 기준은 단순한 수단적 유용성에 있지 않고, 불의에 대한 정당한 반응이라는 내재적 도덕적 가치에 있다. 따라서 분노가 해로울 때가 있다는 사실만으로, 그것을 전면적으로 금지해야 한다고 주장할 근거는 없다. 더 나아가 그는 억압받는 이들에게 '적절하게 분노할 것인가'와 '현명하게 처신할 것인가'를 선택하도록 강요하는 것은 오히려 '정서적 불의'를 초래한다고 비판한다.

그렇다면 시민교육의 교실에서 학생들에게 분노를 적극적으로 장려해야 할까? 우선, 심각한 불공정이나 착취를 직접 마주한 학생들이라면 굳이 장려하지 않아도 분노를 느낄 가능성이 크다. 문제의 핵심이 불공정과 법·인권의 침해라면, 교실에서는 단지 분노만을 불러일으키는 것이 아니라 연민·사랑·연대 같은 정동을 함께 기르는 것이 더 중요하다. 이런 정동적 역량은 학생들의 '정동적 무감각(affective numbness)'을 완화하고, 배제적·억압적 삶의 방식에 저항하는 감정적 메커니즘을 다져 준다. 따라서 저항적 분노는 지배적 세계에 맞서는 가치 있는 자원이 될 수 있다. 저항의 정동은 슬픔, 희망, 공감 등 다양한 형태를 취할 수 있으며, 저항적 분노도 그중 하나가 될 수 있다.

시민교육은 학생들이 정치적 분노와 그 다양한 양태를 이해하도록 돕는다. 주변화된 학생들이 겪는 정치적 분노는 기존의 개념 틀이 포착하지 못한 불

의를 드러내어, 평등·정의와 같은 정치적 개념을 보다 섬세하게 다듬는 데 기여한다. 이러한 정동적 감수성은 단지 불의를 직관적으로 인식하게 할 뿐만 아니라, 그 불의를 성찰하고 표현하기 위한 개념적·정동적 자원을 풍부하게 하여 이해를 심화시킨다.

감정의 스펙트럼을 키우기

그렇다면 교실에서 교사는 학생들의 분노에 어떻게 접근하고, 이 분노들이 제기하는 문제를 어떻게 탐색할 것인가? 여기서 만족스러운 해답을 모두 구할 수는 없지만, 두 가지 중요한 지점을 제시하고자 한다.

첫째, '분노하기'와 '분노에 반응하기'는 구분되어야 한다. 예컨대 '열까지 세기' 같은 요령은 감정 자체를 억누르려는 기술이라기보다 소통 방식과 즉각적 반응을 조절하는 전략에 가깝다. 소리 지르기·폭력·물건 파손 같은 해로운 방식으로 분노를 드러내면, 억압과 불의를 '보이게' 하려는 본래의 목적이 오히려 좌절될 수 있다는 점을 학생들이 이해하는 것이 중요하다. 둘째, 긍정심리학이나 정서적 웰빙 담론이 무비판적으로 수용되면 문제적일 수 있다. 일부 사회·정서 학습(SEL) 프로그램이 '나쁜 감정은 제거하고 좋은 감정만 연습하라'는 식의 치유적 기법을 권할 때가 있는데, 모든 분노를 일괄적으로 억제하라고 요구한다면 정치적 분노는 시민교육 교실에서 설 자리를 잃게 된다.

자명하게도 교사는 학생들이 정치적 분노를 존재론적 차원과 소통적 차원 모두에서 탐구할 수 있는 안전한 학습 공간을 마련하는 데 핵심적 역할을 한다. 예컨대 연극·토론 포럼·프로젝트 기반 수업·예술 체험 활동 등은 학생들이 정치적 분노의 다양한 양상과 그 속에 담긴 불의를 직접 식별하고 표현해 볼 기회를 준다. 이러한 활동은 서로 다른 사회집단이 "분노한다"라고 말할 때 그 말이 구체적으로 무엇을 가리키는지, 어떤 분노가 수용 가능하거나 생산적인지, 그리고 '적합한' 분노를 표명하는 이들에게 어떻게 연대와 공감을 보여줄지를 학습하게 한다. 더 나아가 공적·일상적 장면에서 서로 다른 정치적 분노에 대해 생산적으로 대응하고 협상하는 방식을 실습하도록 돕는다. 앞서 논의한 개념들을 토대로, 교실에서 탐구할 수 있는 질문은 다음과 같다. 누가 무엇에 대해 분노를 주장하는가? 정치적 분노의 주장을 검토할 때 정서적 주변화, 정서적 착취, 정서적 폭력의 증거를 어떻게 식별할 것인가? 정서적 권리·정서적 재화의 침해를 학생들은 어떻게 인지하고 대응할 수 있는가?

또 하나의 관찰은 교실에서 분노와 같은 어려운 정서에 교육적으로 관여하는 일이 갖는 더 넓은 함의다. 흔히 제기되는 반대는 감정의 발화가 오용되거나 왜곡되어 통제 불능의 상태로 이어질 수 있다는 것이다. 이 우려는 타당하며, 교사는 정치적 분노를 비폭력적이고 민주적인 방식으로 식별·표현하도록 하는 안전한 학습 공간을 제공함으로써 이를 부분적으로 완화할 수 있다. 동시에 교사들이 분노의 잠재적 위험성보다 그 인식론적·정동적 가치를 더 중시한다면, 학생들에게 저항적 분노를 다루는 표현 레퍼토리를 장착시켜 주는 교육적 문이 열릴 수 있다. 그런 교육은 현대 사회의 무관심과 정동적 무감각을 다루는 데 도움이 된다. 반복적으로 간과되는 불의에 대한 무관심은 학생들이 동시대 시민들의 곤경을 제대로 고려하지 못하게 한다. 따라서 교실에서 정치적 분노를 식별하고 적절히 표현하는 법을 배우는 것은 학생들의 도덕적·정치적 개념을 풍부하게 하고, 특히 포퓰리즘과 극우의 부상으로 민주적 가치가 위협받는 시기에는 이전에 간과되었던 불의에 빛을 비추는 역할을 한다.

Frida Kahlo <The Two Fridas>

* 이 글은 Oxford Academic과의 협약을 통해 공동 게재하였습니다.

원문: Michalinos Zembylas, Political anger, affective injustice, and civic education, Journal of Philosophy of Education, Volume 57, Issue 6, December 2023, Pages 1176-1192.

감정의 폭풍 속을 항해하는 법 가르치기

조석환

초등학교 교사이자 교육학 박사이다.

분노교육, 도덕적 정서교육, 죽음교육 등을 연구하며 인간과 우주와 삶이 무엇이고

어떻게 이해하고 살아가야하는지에 대한 설명과 답을 찾고 만들어가고 있다.

폭풍 속에 있는 아이들

영화 <어벤져스>에서 외계인이 도시를 침공하자 캡틴 아메리카는 브루스 배너에게 다급하게 묻는다. "지금 변신할 수 있어?" 그러자 브루스 배너는 대답한다. "난 항상 화나 있어." 지금까지 이 대사가 유독 잊히지 않는 이유는 교실에서 매일 아이들의 분노와 마주하기 때문이다.

몇 해 전, 담임을 맡았던 6학년 A가 떠오른다. A는 뒷자리 B에게 엄청난 분노를 터뜨렸다. B는 그 분노를 속수무책으로 온몸으로 받아내고 있었다. 이 모든 일의 시작은 B가 A에게 '의자를 뒤로 밀지 말아 달라'는 사소한 요청 한마디였다. 한참 동안 분노를 표출한 A는 아무 일 없다는 듯 친구들과 웃고 떠들었다. 그때 B는 분노라는 폭풍이 남긴 혼란과 충격을 온몸으로 새기며 책상에 엎드려 있었다. 또 다른 해에는 2학년 C 때문에 교실 전체가 얼어붙기도 했다. C는 수업 중 갑자기 소리를 지르며 책상을 넘어뜨리고 의자를 들어 옆 친구를 위협했다. 작고 어린 2학년의 학급 아이들은 모두 그 분노에 당황하며 숨을 죽이고 있었다.

물론 교실에서 아이들의 분노가 항상 이렇게 극단적으로 표출되는 것은 아니다. 교실은 하루종일 아이들의 웃음소리와 수다에 담긴 희노애락의 무지개로 가득 차고, 갈등에서 발생하는 작은 분노들은 대화와 타협으로 조용히 사라진다. 하지만, 가끔 발생하는 폭발적인 분노는 항상 모두를 힘들게 한다. 기쁨교육, 슬픔교육, 두려움교육보다 분노교육이 압도적으로 주목받는 이유는 분노가 가진 힘 때문이다. 분노를 터뜨리는 아이도, 분노의 대상이 되는 아이들도 모두 강력한 힘을 가진 폭풍에 휘말린다. 분노교육의 목적은 아이들이 삶이라는 항해에서 분노의 폭풍을 만나더라도, 그것을 헤쳐나갈 힘과 지혜를 길러 주어 자신의 행복한 삶의 이야기를 써나가도록 돕는 것이다.

분노라는 폭풍의 정체

분노라는 폭풍에 휘둘리면 누구라도 치명적인 실수를 저지르고 한순간에 모든 것을 잃을 수도 있다. 그러나 분노를 이용할 지혜와 기술이 있다면 분노를 삶의 동력으로 돌려 어려움을 극복할 힘을 얻을 수도 있다. 이를 위해 분노교육을 통해 먼저 분노의 본질과 성격을 분명하게 알게 해야 한다. 『좌전(左傳)』, 『예기(禮記)』, 『중용(中庸)』 등 동양 고전은 물론 많은 정서 심리학자들의 기본정서 연구를 종합한 캠퍼도 분노는 인간이라면 모두 가지고 있는 기본정서라고 말하고 있다. 이러한 분노의 성격에 대해 플러칙은 자신의 욕망을 가로막는 장애물이 생기면 그것을 파괴하여 제거하고 목표를 달성하려는 감정이라고 설명한다. 이 분노가 생길 때 우리 안에서 어떤 일이 일어나는지를 리브는 네 가지 요소가 얽힌 복합 시스템으로 설명한다. 먼저 분노는 마음의 재판관이 사건 자체가 아니라 '이건 불공평해'와 같이 그것을 부당하다고 판단하는 평가 등에서 시작된다. 마음의 판결이 내려지면 뇌의 변연계는 즉시 온몸에 비상사태를 선포한다. 심장은 더 빨리 뛰고 근육은 긴장하며, 몸은 공격을 위한 강력한 힘으로 순식간에 무장된다. 이어서 이 비상경보는 강력한 힘과 에너지로 대상을 제거하라고 명령한다. 그리고 그 분노는 굳은 표정과 날카로운 목소리를 통해 강력한 사회적 신호로 대상을 향해 표출된다. 아이들은 자신 안에 분노가 발생했을 때 내부에서 발생하는 감정과 신체적 각성 현상과 분노의 목적과 표현, 그리고 그 강력한 힘에 대해 인식하고 이해할 수 있어야 한다.

또한 아이들은 자신의 분노가 어떤 상황과 영역에서 발생하는지 알고 있어야 한다. 무엇이 강력한 폭풍을 발생시키는가? 화이트헤드가 인간 이성의 기능을 생존, 만족스러운 생존, 만족의 증가라고 규정한 것에서 유추할 수 있듯, 분노는 인간의 핵심 욕망인 '생존', '행복', '가치'라는 세 영역이 위협받을 때 주로 발생한다. 아이들 수준에서 보면, 자신의 돈과 물건을 뺏기거나 성적에 방해를 받았을 때, 교실에서의 편안하고 만족스러운 상황이 깨졌을 때, SNS에서 자신을 비방하는 소문을 듣거나 가족을 모욕하는 이야기를 들었을 때, 아이들은 분노한다. 분노교육은 아이들이 분노의 폭풍 속에서 자신이 어떤 상태인지를 알고(정체), 그 폭풍이 왜 일어났는지(원인), 어떤 영역에서 발생했는지를 이해하도록 가르쳐야 한다. 그리고 분노의 폭풍을 마주했을 때 그것에 침몰하지 않고 자신의 삶을 항해할 힘과 기술을 가르쳐야 한다.

폭풍 속을 뚫고 가는 힘과 기술

분노교육과 관련해 가장 주목받는 것에는 정서적 유능성이 있다. 정서적 유능성이란 자신과 타인의 분노를 이해하는 통찰력, 그것을 건강하게 표현하고 조절하는 능력, 그리고 관계 속에서 조화롭게 다루는 기술을 아우르는 총체적 능력이다. 분노 교육은 이 능력을 키우기 위해, 내면을 살피는 내적 측면(분노 인식, 이해, 동기화)과 관계를 다루는 외적 측면(분노 표현, 공감, 사회적 기술)의 힘을 길러 주어야 한다. 이 여섯 가지 핵심 역량을 이름을 붙여 하나씩 알아보자.

첫째, 내 마음의 신호등 보기(정서 인식 능력)이다. 분노의 불씨가 막 켜지려는 순간 알아차리는 기술이다. 분노가 폭발하는 빨간불이 켜지기 전에, 짜증과 답답함의 노란불이 켜지는 순간을 즉시 알아차리는 연습이다. "어? 나 지금 좀 답답한데?", "스트레스 받네?" 이렇게 자신의 몸과 마음이 보내는 작은 신호를 미리 알아차리는 것만으로도 폭발을 막을 수 있다.

둘째, 내 마음의 지도 읽기(정서 이해 능력)이다. 내 분노가 어디에서 왔는지 그 근원을 이해하는 기술이다. 친구의 말이 서운해서인지, 시험을 망쳐 속상해서인지 분노의 뿌리를 찾아보는 것이다. "내가 진짜 화난 이유는 친구가 약속을 어겨서가 아니라, 나를 무시했다는 생각 때문이구나" 하고 분노의 지도를 읽을 수 있다면, 엉뚱한 곳에 화풀이하지 않게 된다.

셋째, 분노를 연료로 사용하기 (정서 동기화 능력)이다. 분노라는 강력한 에너지를 파괴가 아닌, 긍정적 변화의 동력으로 사용하는 기술이다. 부당한 규칙에 대한 분노를 더 정의로운 학급 규칙을 만들기 위한 회의를 여는 에너지로, 친구의 오해로 생긴 분노를 관계를 회복하기 위한 대화의 연료로 전환하는 것과 같다.

넷째, 마음을 다치지 않게 표현하기(정서 표현 능력)이다. 소리를 지르거나 상대를 비난하는 대신 '나'를 주어로 자신의 마음을 전달하는 기술이다. "너 때문에 짜증나"가 아니라, "나는 네가 그렇게 말해서 마음이 속상했어"라고 말하는 연습이다.

다섯째, 친구 마음속으로 산책하기(정서 공감 능력)이다. 나에게 화를 내는 친구의 마음을 헤아려보는 기술이다. "저 친구는 왜 저렇게 화가 났을까?", "혹시 오늘 아침에 안 좋은 일이 있었나?" 하고 상대의 입장에서 잠시 생각해보는 것이다. 친구의 마음속으로 잠시 산책을 다녀오면, 분노의 폭풍은 잔잔한 파도가 되어 돌아오기도 한다.

여섯째, 함께 문제를 푸는 팀플레이(정서적 사회 기술)이다. 갈등 상황에서 너와 나, 우리 모두가 함께 이기는(Win-Win) 해결책을 찾아 나서는 관계의 기술이다. '누가 옳고 그른가'를 따지는 전쟁을 멈추고, '어떻게 하면 우리 모두가 기분 좋게 이 문제를 해결할 수 있을까?'를 고민하는 지혜를 찾는 것이다.

건강하고 행복하고 가치있는 항해하기
만약 A와 C에게 자신의 분노를 성찰하고 다스리는 힘이 있었다면 어떠했을까? 또한 B와 C의 반 친구들에게 타인의 분노 폭풍 앞에서 자신을 지켜낼 정서적 유능성이 있었다면 어떠했을까? 분노는 삶의 '친구'이자 '원수'가 될 수 있는 강력한 힘이다. 이 힘을 불화가 아닌 조화로, 파괴가 아닌 삶의 동력으로 바꾸는 열쇠가 바로 분노교육에 있다.

"안회는 자신의 분노를 엉뚱한 사람에게 옮기지 않았고(*不遷怒*), 같은 잘못을 두 번 다시 저지르지 않았다(*不貳過*)."

공자가 제자 안회를 평한 이 말 속에는, 자신의 분노를 정확하게 성찰하고 다스리는 힘이야말로 인격 완성의 핵심이라는 통찰이 담겨 있다. 분노교육은 자아실현과 인격완성의 지향이라는 교육의 본질적 목적과 닿아있다. 분노는 피할 수 없는 숙명이지만, 아이들이 분노교육을 통해 분노의 폭풍 속을 항해할 힘과 기술과 지혜를 갖춘다면 분노의 강력한 힘에 휘둘리는 대신, 분노를 자신의 생존과 행복을 지키는 에너지로 전환하는 성숙한 지혜를 얻게 될 것이다.

감정의 폭풍 속을 항해하는 법 가르치기

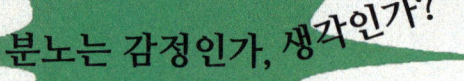

분노는 감정인가, 생각인가?

Q1: 나라면, 아래와 같은 상황에서 화가 날 것 같은가? 그 이유는 무엇인지 생각해보자.
먼저 나 자신의 답변과 이유를 적어본 후, 각 상황에 대해 친구들의 답변과 이유도 들어보자.

　① 약속 시간에 나는 미리 와서 기다리는데, 친구는 1시간이나 늦게 나타났다.
　② 우리 식구들은 막내인 나에게만 매번 심부름시키고 이걸 너무 당연하게 여긴다.
　③ 야외활동을 하러 나갔는데 비가 오고 추워져서 아무것도 하지 못하게 되었다.
　④ 사람들이 너무나 지저분하게 쓰레기를 버리고 정리도 하지 않고 다 가버렸다.
　⑤ 우리나라가 이웃나라들보다 사회적 불평등도 심해지고 점점 못살게 된다고 한다.

Q2: 최근에 몹시 화가 났던 때는 어떤 상황인가? 왜 그토록 화가 났었는지 생각해보자.
나를 화나게 하는 이유에 대해 곰곰이 분석해보면서, 친구들과 각자의 경험도 나누어보자.
이를 토대로, "인간은 왜 분노하게 되는가?"에 대해 다양한 관점에서 토론해보자.

Q3: 『타우마제인』 8호의 <분노>에 관한 글 중에서 자신의 "물음"과 연결된 것을 선택한 후,
<분노>를 주제로 한 나의 "철학적 논제"를 구성하여서 자기 생각을 깊이 있게 논술해보자.

1. 화가 나는 상황과 그 이유 성찰해보기

웃음은 기쁨의 표현이고, 울음은 슬픔의 표현이고, 화가 나는 것은 부정적 감정의 표현이다. 그런데, 웃음 포인트를 이해하지 못하면 누가 웃겨도 웃을 수 없고, 슬픈 상황이라는 전체적인 맥락을 인지하지 못하면 울음이 나올 수 없듯이, 인간에게 "화(분노)" 분출이라는 것도, 이것을 일으키는 그 일들을 "부정적"으로 인식하는 생각 없이도 가능할까? 위의 문제 1번의 예시들은 우리의 일상생활에서 당연히 짜증과 화가 날 법한종류의 상황들이다. 하나의 문장만으로 구체적 상황을 알 수는 없으나 보통의 경우 우리는, ① 약속 시간에 늦는 친구에게 느끼는 배신감, ② 막내로 태어난 것을 선택한 것도 아닌데 불공평한 대우를 받는 억울함, ③ 뭔가 새롭게 하려면 날씨 운도 없는 팔자, ④ 일반상식으로는 도저히 용납할 수 없는 사람들의 수준 낮은 도덕의식, ⑤ 우리나라의 불안한 미래에 대한 걱정과 이런 결과를 초래한 지도자들에 대한 불만감 등으로 화가 날 것이다. 여기에는 특별하게 '생각'이 필요하지도 않을 정도로 너무도 화내는 게 맞다.

2. 화나는 상황에 대한 성찰을 통한 나의 신념 찾아내기

그런데 과연 그럴까? 조금 더 찬찬히 그 삶의 상황들로 우리의 상상력을 발휘하여 들어가 보자. 위의 문제에 기록된 다섯 문장들은 "사실 판단"이다. 상황을 기술하고 있을 뿐, 전후좌우 맥락을 우리는 모른다. 게다가 2번과 4번에는 '당연하게 여긴다,' '너무나 지저분하게'라는 주관적인 판단이, 마지막 5번에는 '못살게 된다고 한다'라는 기준이 불명확한 정보가 있어서 그 근거를 더 확인해 보아야 할 필요성도 있다. 그 기술이 모두 사실이라고 하더라도, 그 판단에서 배신감, 억울함, 등의 부정적인 감정들이 나오려면, 이 문장으로부터 "가치판단" 즉, "~~해야 한다"라는 당위명제가 각각의 상황에서 도출되어야 화가 나는 상황이 성립되는 것이다. ① 친구가 왜 늦었는지 그 이유부터 따져 봐야겠지만, 어쨌든 화가 나는 상황인 이유는 친구가 늦었다는 사실에 대해 "친구 관계에서 우정을 유지하기 위해서는 적어도 약속 시간은 지켜야 한다"라는 나의 신념(옳다고 믿고 있는 가치에 관한 생각)이 있었기에 이에 위배 되는 친구의 행동에 화가 나는 것이다. 그런 식으로 '당연한 분노' 저변에 깔린 내 생각[신념]들을 살펴보면, 아마도 ②심부름의 대가를 받는 것과 상관없이 "약자(막내)한테 부당하게 노동을 시키는 것은 옳지 않다!" ③ 성급한 일반화의 오류임에도 불구하고, "기껏 준비한 야외활동에 날씨 운이 없으니 나는 앞으로도 계속 운이 없는 인생을 살게 될 것이고 이건 내가 바꿀 수 없다!" ④ 쓰레기 버리는 정도와 정리 수준의 정도가 모호하지만, 적어도 내 기준에 의하면, "사람들의 준법정신과 시민의식은 높아져야 한다!" ⑤ 비교되는 국가 사이의 정확한 정보가 요구되고 불평등의 지표가 무엇인지 불명확하지만, "우리나라는 다른 나라보다 잘 살아야 한다! 우리 사회는 평등해야 한다!" 등등, 우리의 가치관에 근거한 "생각들(신념들)"이 자리 잡고 있다.

143

3. 화나게 만든 나의 신념에 대해 비판적으로 성찰하기

화를 다스리려면 먼저 분노의 근거가 되는 '나의 신념'을 점검해야 한다. 내 가치 판단이 사실에 부합하는지, 사실로부터 과도한 당위를 끌어오고 있지는 않은지 살펴보자. 의외로 정확한 사실 확인만으로 분노가 사라지는 경우가 많다. 약속 시간을 내가 착각했거나, 못 가게 된 야외활동이 전화위복이 되었거나, 가족이 막내에게 용돈을 더 주려 심부름을 시켰거나, 깜짝 파티를 준비하느라 잠시 자리를 비웠을 수도 있다. 후회하지 않으려면 판단과 근거부터 확인하는 습관이 필요하다.

다음으로, 신념과 사실이 맞다고 판단되더라도 곧바로 분노를 표출하는 것이 최선인지 따져보자. 원인을 차분히 들여다보면 화를 낼 때와 참을 때를 구분하는 기준이 생긴다. 적어도 그렇게 분별하려는 노력이 우리를 한 걸음 물러서게 한다.

끝으로, 분노의 원인을 구성하는 신념을 성찰하는 일은 내가 어떤 사람인지를 드러낸다. 예컨대 쓰레기 투기에 특히 분노한다면 환경공학을 공부하거나 환경운동에 나설 수 있고, 어질러진 상태에 민감하다면 정리 서비스를 기획하는 사업가가 될 수도 있다. 역사적으로도 여성·아동·흑인·장애인 등 약자의 억압에 '정당한 분노'를 느낀 사람들이 운동과 입법으로 사회를 바꾸어 왔다. 분노를 표출하는 것은 인간의 자연스러운 생리현상과 같을지 모르지만, 이 분노에 대한 원인을 파악하여 세상을 바꾸는 일은 "철학을 하는"사람들의 피·땀·눈물의 결과이다.

이지애 (이화여대 철학과 부교수)

We were going on . . .

Vol.01

경이로운 세상에 관하여

Vol.02

인공지능과 인간에 관하여

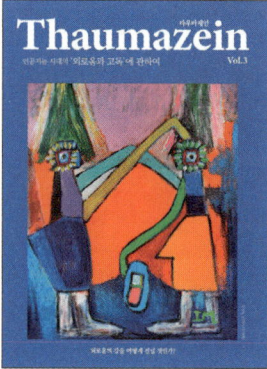

Vol.03

인공지능 시대의
'외로움과 고독'에 관하여

Vol.04

기후 위기와 인류의 미래에 관하여

Vol.05

한류, K에 관하여

Vol.06

초개인주의 시대의 리더십에 관하여

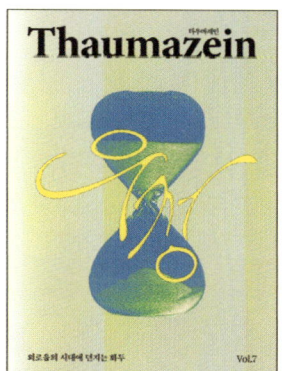

Vol.07

우정

Thaumazein®

****** 타우마제인 정기구독 신청 안내 ******

구독료   3권   45,000원 (1년)
                   6권   90,000원 (2년)
              *낱권   18,000원

입금 계좌번호   우리은행 1005-102-008981
                   (주)캐럿글로벌

****

정기구독 문의

QR 코드를 찍으면 정기 구독 신청란이 나옵니다.

<타우마제인 매거진 원고 공모>

인문철학재단 타우마제인은 2026년 4월 발간 예정인 매거진 『타우마제인』 9호의 주제 '공동선'에 관한 원고를 공모합니다.
우리 시대 공동체의 의미, 개인과 사회의 관계, AI시대의 공공선의 재설계를 둘러싼 새로운 철학적 사유를 담은 원고를 기다립니다.

공모 주제	"공동선"과 관련된 자유주제
분량	200자 원고지 20매 이내 (약 4,000자 이내)
마감일	2026년 1월 31일 23:59까지
원고료	선정작에 한해 1매당 20,000원 지급 (최대 400,000원)
기타 안내	선정된 원고는 타우마제인 매거진 9호(2026년 4월 15일 발간 예정)에 게재되며, 일부는 유튜브 영상 및 홍보 콘텐츠로도 제작될 수 있습니다. 게재 시에는 사전 동의를 구한 후, 필명 또는 실명으로 표기됩니다.
제출 방법	이메일 제목: [원고응모]제목_이름 제출 파일: 원고(hwp/doc 중 택 1) 간단한 자기소개(200자 이내) 및 연락처(이메일/휴대폰) 포함

접수처: reading@thaumazein.co.kr

Web	www.thaumazein.co.kr
Email	admin@thaumazein.co.kr
Youtube	@thaumazeinorg
Instagram	@thaumazeinorg
Contact	서울시 용산구 이태원로 268-10 2층
	070-7418-4099

발행	캐럿 하우스
주소	서울시 용산구 한남동 이태원로 268-20
전화	02-518-5468
카피라이트 발행일	2025년 12월 15일
작성 등록일	2025년 12월 15일
등록번호	9772983-362000-08

분노의 순간에 내뱉은 말은
평생 갚아야 할 빚이 된다.